Libro No. 1

MANUAL PARA LA VIGILANCIA PRIVADA - BÁSICO

Rafael Darío Sosa González

CONTENIDO

1

FUNCIONES DEL VIGILANTE

DEFINICIÓN DE FUNCIONES

Son los deberes y obligaciones que debe cumplir un Vigilante, desde el momento en que inicia su contrato de Trabajo hasta su término, son normas de carácter permanente.

CLASES DE FUNCIONES

- **REGLAMENTARIAS:** Son normas de carácter permanente, estas contempladas en el Decreto 356//96 en su artículo 73, 74 y 88. (En Colombia)

- **GENERALES :** Son las funciones de carácter general y permanente que se deben cumplir sin importar el puesto de vigilancia asignado. EJEMPLO : Llegar con 15 minutos de anticipación a recibir el puesto. Esta función es tan válida para el Vigilante de un Banco como para el de un Centro Comercial o una empresa.

- **PARTICULARES:** Son las funciones de carácter general y permanentes que debe cumplir un Vigilante de acuerdo al puesto de vigilancia asignado. EJEMPLO : El Vigilante de un Banco debe abrir las puertas para atención al público a las 08:00 AM, el de un Conjunto residencial son las 24 horas abierto, el de una empresa el horario es el impuesto por la misma.

FUNCIONES REGLAMENTARIAS

PRINCIPIOS, DEBERES Y OBLIGACIONES QUE RIGEN LA PRESTACION DE LOS SERVICIOS DE VIGILANCIA: (ARTICULO 73 - DECRETO 356/96)

OBJETIVO

Es la disminuir y prevenir las amenazas que afecten la vida, la integridad personal o el tranquilo ejercicio de legítimos derechos sobre los bienes de las personas que reciben su protección, sin alterar o perturbar las condiciones para el ejercicio de los derechos y libertades públicas de la ciudadanía y sin invadir la órbita de competencia reservada a las autoridades.

PRINCIPIOS, DEBERES Y OBLIGACIONES: (ARTICULO 74 - DECRETO 356/96)

- Acatar la constitución, la ley y la ética profesional.
- Respetar los derechos fundamentales y libertades.
- Fortalecer la confianza pública en los servicios que se prestan.
- Adoptar medidas de PREVENCION y CONTROL apropiadas para evitar la realización

  de actos ilegales o prestar el servicio a personas directa o indirectamente vinculadas con el tráfico de estupefacientes o actividades terroristas.
- Mantener altos niveles de eficiencia.
- Contribuir a la prevención de delitos en colaboración con las autoridades.
- Observar en el cumplimiento de sus obligaciones las normas legales y procedimientos establecidos por el Gobierno nacional.
- Emplear las armas de acuerdo con el uso autorizado, con sus respectivos permisos y no emplear armas no autorizadas de acuerdo a la ley.
- Emplear los equipos y elementos autorizados para los fines previstos.
- Asumir actitudes disuasivas o de alerta, cuando observe la comisión de un delito en sus alrededores, dando aviso oportuno a las autoridades.
- Denunciar ante las autoridades competentes la comisión de delitos.
- Prestar apoyo a las autoridades cuando lo soliciten, con el fin de atender casos de calamidad pública.
- Salvaguardar la información confidencial que se obtenga para el cumplimiento de sus funciones, salvo requerimiento de las autoridades.
- Conocer las actividades propias del usuario, las instalaciones y la situación que se presenta.

- Tener mecanismos de control para que el VIGILANTE no se vea y no incurra en actividades delictivas.

FUNCIONES GENERALES QUE DEBE CUMPLIR EL VIGILANTE

- Excelente presentación y aseo personal.
- Mantener al día y portar los siguientes documentos : - Cédula de ciudadanía – EPS – A.R.P. – Libreta Militar – Salvo - conducto del arma – Carnet de la empresa – Carnet del Radio.
- El uniforme es para uso exclusivo del servicio, no se debe portar en la calle, ni para actos sociales, mucho menos para ingerir licor o estar en establecimientos públicos.
- Cumplimiento en el horario de trabajo y de sus funciones, no retirarse del puesto hasta tanto el relevo no esté totalmente enterado de las novedades y uniformado completamente, llegar con 20 minutos de anticipación, para enterarse de las novedades.
- Una vez recibido el puesto de acuerdo a lo ordenado, se debe informar a la empresa.
- No ingerir ninguna cantidad y ningún tipo de licor antes de recibir el turno, como de igual, no entregar el puesto si el relevo aparenta haber ingerido licor.
- Conocer las funciones y consignas Generales y Particulares del puesto, como de igual, las normas internas de la empresa donde se presta el servicio.
- Tomar los alimentos en el tiempo autorizado para esta actividad.
- No dormir durante el servicio.
- No tener confianza con los empleados de la empresa al cual se le esté prestando el servicio.
- Tratar con cortesía a los empleados de la empresa al cual se le está prestando el servicio. Un saludo cortés sin meloserías.
- No fumar y comer en horas de trabajo.
- Tener a la mano los teléfonos de emergencias y funcionarios de la empresa.
- Conocer al personal que labora en la empresa y sus funciones.
- Elaborar la minuta y libros de control de acuerdo a las normas de la empresa.
- No reciba el puesto cuando este enfermo, informe oportunamente a la

empresa.

- No consuma droga alucinógenas, ni medicamentos recetados que tenga como contra indicaciones la actividad vigilante.
- No recibir visitas durante el servicio.
- No distraerse con periódicos, televisión, radio u otros elementos.
- Efectuar los reportes de acuerdo a lo ordenado.
- Inspeccionar las instalaciones al recibir el puesto.
- Recibir los elementos de dotación revisando su estado y funcionamiento, dejándolo consignado en la minuta. (ARMAMENTO – RADIOS – DOCUMENTACION – ACCESORIOS)
- Mantener en excelente estado de aseo y organización el puesto.
- Conocer las llaves de control de los servicios públicos y especiales que tenga su puesto.
- No permitir el acceso de personas que asuman ser autoridad, informe a la empresa, verifique la identidad y actividad que vayan a desarrollar, en especial durante la noche.
- Si tiene reloj de marcación, efectuar las rondas y marcaciones ordenadas.
- Cualquier crisis, alteración de las funciones del puesto, debe informar a la empresa, usuario y autoridades, el orden de prioridad para informar se puede cambiar.
- Bajo ningún pretexto se puede ausentar del puesto de vigilancia, si el relevo no llega, informar a la empresa y esperar que se haga presente, entregando el puesto con todas las normas.
- No perseguir delincuentes fuera del área de responsabilidad y mucho menos disparar su arma.
- Los tiros de advertencia son preventivos, se deben hacer con justa causa, si no existe las autoridades pueden decomisar el arma.
  - Prohibido portar armas que no sean asignadas por la empresa para prestar el servicio, como tener munición de cuadre o personal en el turno, estas pueden ser decomisadas y el portador detenido.
  - Cuando sea un Vigilante nuevo debe venir acompañado del Supervisor quien le hará la presentación ante el usuario e inducirá en las funciones al nuevo Vigilante, si esto no se cumple verificar con la empresa la veracidad e identificación.
  - Una vez entregado el puesto el Vigilante Saliente se debe retirar de las instalaciones, debe solicitar o informar si va a sacar algún elemento para que el entrante lo revise.
  - El Carnet de la empresa y Superintendencia de Vigilancia, debe usarse

exclusivamente para el servicio.

- Para el manejo de las armas aplique el decálogo de seguridad con las armas de fuego.
- No intervenga en asuntos externos de su área de responsabilidad.

PUESTOS DE VIGILANCIA

El puesto es el área determinada por la empresa para cumplir con la función de vigilancia, esta estará delimitada a las instalaciones y perímetros del usuario, sobre pasar las barreras o limites, acarreará sanciones disciplinarias y/ penales dependiendo la situación.

CLASES DE PUESTOS

Los puestos de Vigilancia por su modalidad se clasifican en:

FIJOS

Se emplean cuando el puesto puede ser controlado u observado desde un mismo sitio y encontramos los siguientes puestos Fijos:

- **PORTERIAS:** Cuando se desarrollan actividades de control de personal, vehículos, mercancías, documentación.

- **GARITAS:** Casetas elevadas, que sirven para la observación de un área determinada.

- **CASETAS:** Son a ras de piso, se puede efectuar controles determinados y observación.

MOVILES

Cuando el área por vigilar es bastante amplía o cuando por su construcción arquitectónica no permite la observación total y se emplean diferentes medios

- **A PIE:** Cuando son rondas, distancias fáciles de recorrer.

- **VEHICULARES:** (Carro, Motos, Bicicletas) Cuando son zonas extensas, de igual, son las empleadas por los escoltas.

- **A CABALLO:** Cuando el área es extensa y la visibilidad mínima, especialmente en el campo.

- **BICICLETA:** Cuando Son zonas largas y requieren de movilidad.

- **AEREA, FLUVIAL, MARITIMA y TERRESTRE:** Son la vigilancia que hacen las FF.AA y autoridades designadas para esta actividad.

COMBINADOS

Cuando por las características del terreno y arquitectura del área, se requiere efectuar controles, inspecciones y observación.

Los puestos de Vigilancia por el Numero de Vigilantes, se clasifican en:

- **SENCILLOS:** Un Vigilante
- **DOBLES:** Dos Vigilantes
- **PATRULLA:** Dos o más Vigilantes

SECTORES DE LA VIGILANCIA

Los sectores de la vigilancia están clasificados de acuerdo a la actividad económica y social, así:

- **SECTOR RESIDENCIAL:** Conjunto de casas, Edificios, barrios o cuadras.

- **SECTOR COMERCIAL:** Centros Comerciales, Almacenes de cadena, Hiper almacenes, Restaurantes, locales, droguerías, galerías, bodegas, Plazas de mercado, etc..

- **SECTOR FINANCIERO:** Bancos, Corporaciones, Financieras, Cooperativas de ahorro, etc.

- **SECTOR INDUSTRIAL:** Industrias metalmecánica, alimentos, confecciones, etc.

- **SECTOR PORTUARIO:** Puertos : MARITIMO – FLUVIAL – AEREO – TERRESTRE
  – FERROVIARIO –
      METRO.

- **SECTOR ESCOLTAS:** Personal – Mercancías – Valores
- **MEDIOS TECNOLÓGICOS:** Se puede determinar que un sistema de Vigilancia donde se emplean SISTEMAS Y MEDIOS TECNOLÓGICOS, como complemento de la Seguridad.

OBSERVACION: En el sector comercial, se deben incluir las actividades Turísticas y asistenciales, como son : HOTELES, CENTROS VACACIONALES, CLUBES SOCIALES, HOSPITALES, CLINICAS Y CENTROS MÉDICOS.

2
MODUS OPERANDI

DEFINICIÓN

Modus: Modo

Operandi: Operar

Es el modo en que opera la delincuencia o son las técnicas y formas que la delincuencia emplea para realiza los ilícitos

ORIGENES DEL DELITO

Hablar de las técnicas que la delincuencia emplea es un tema bastante amplio, por ello conoceremos el origen de los delitos, que va paralelo al origen de las amenazas, las ventajas y desventajas de los diferentes orígenes, siendo lo más importante la conciencia y procedimientos que debe tener el G.S.

INTERNO

Es originado por el personal que labora dentro de una organización o vive dentro de un conjunto residencial o edificio. Veamos las ventajas, desventajas que presenta el G.S. y el delincuente y procedimientos para prevenir, detectar o evitar este tipo de ilícito.

DELINCUENTE: El delincuente tiene más ventajas, no requiere de una vigilancia al sitio, lo conoce a la perfección y conoce el sistema de seguridad; brinda confianza y amistad; Tiene tiempo suficiente para planear, preparar y ejecutar el ilícito, lo puede hacer continuamente.

La única desventaja aparente es que puede ser sospechoso cuando se descubre el hecho, si es que esto llega hacerse.

VIGILANTE: Para el vigilante la única ventaja es que conoce al personal y sus funciones, sabiendo quien es quien dentro de la empresa, pero tiene más desventajas, como son: Rutina en su puesto; confianza y amistad con los empleados; siendo estos dos aspectos los más negativos para cumplir con sus funciones, el autoestima de sentirse en ocasiones menos que otras personas e influye en el carácter (Personalidad) del Vigilante.

PROCEDIMIENTOS: Para prevenir este tipo de amenaza se deben seguir los siguientes procedimientos:

- Mantener una relación laboral de seguridad con los empleados.

- No tener confianzas.

- Observar al personal, si es mucho, hacerlo selectivamente en la entrada y salida.

- Llevar los libros de control y minuta actualizados.

- Mantener al Jefe de Seguridad de la empresa o en su efecto al encargado, de los indicios y sospechas de ilícitos, recomendándole procedimientos de control que se pueden efectuar.

- En coordinación con el Jefe de Operación de la empresa de vigilancia, o Jefe de Seguridad usuario, adelantar pruebas de confianza al personal de empleados de la misma.

EXTERNO

Es cuando el delincuente viene de afuera, es originado por terceras personas.

DELINCUENTE: Puede obtener ciertas ventajas si se le permite, requiere de una vigilancia intensa para conocer las instalaciones, sistemas de seguridad y ganarse la confianza de los empleados y del G.S., normalmente siguen un patrón y tienen una guía para ejecutar los ilícitos, de la cual pueden o no seguirlo al pie de la letra.

GUIA DEL

DELINCUENTE

SELECCIÓN DE VARIOS

OBJETIVOS

De acuerdo al motivo que lo lleva a cometer el delito, seleccionan sus víctimas y objetivos. EJEMPLO: Motivo económico un asalto, atraco, robo o un secuestro en otros, si es de presión un atentado terrorista, un secuestro, amenazas etc. Analizan sus motivos y posibles víctimas y proceden hacer una Vigilancia.

VIGILANCIA

Los tipos de vigilancia que desarrollan los delincuentes son Fijos y móviles, empleando para ello tres tipos de técnicas, así:

- **FACHADA:** Es un disfraz que emplean asumiendo diferentes tipos de personajes, desde un reciclador hasta un gran ejecutivo de empresa, son las personas encargadas de conocer los dispositivo de seguridad y el rol de una empresa en su interior, la rutina y controles.

- **INFILTRACIÓN:** Cuando alguien de la organización de delincuentes entra a laborar en el objetivo, personal temporal, reemplazos, contratistas o subcontratistas.

- **PENETRACIÓN:** Esta técnica requiere de un mayor trabajo y no siempre es segura para la organización de delincuentes, es hacer cambiar de mentalidad, principios morales y éticos a una persona que este laborando dentro del objetivo mediante engaños y artimañas, de no lograrse conocen las debilidades de esa persona e inician a presionar para que colabore y suministre información.

RECOLECCIÓN DE LA INFORMACIÓN Y ANÁLISIS: En forma simultánea con el punto dos, inician a recoger la información obtenida, montando una maqueta y/o organizando la información, determinando puntos vulnerables, procedimientos, accesos, personas que laboran y sus actividades personales, rutas de acceso, edificaciones, sitios de frecuencia, viviendas, autoridades, etc. y analizan la información.

TOMA DE DECISIÓN: De acuerdo al análisis realizado a la información determinan que paso seguir o cambiar de objetivo, viene la toma de la decisión.

PLANEAMIENTO: Si la decisión tomada es continuar con la acción, viene el planeamiento, que comprende determinar qué es lo que van hacer, como lo van hacer, quienes van a participar, que medios van a utilizar, como lo van hacer, lugares de reunión, escondites, sitios alternos, claves, rutas de escape, hora y fecha de la acción.

EJECUCIÓN: Antes de entrar en acción realizan entrenamientos en sitios similares al objetivo real, visitan el objetivo para familiarizarse con el entorno y conocer al detalle el sitio, empleando su mejor arma la SORPRESA.

La anterior guía puede tener variaciones, omitir algún punto, agregar puntos o modificar su orden.

VIGILANTE: Ventajas del Vigilante es que conoce el sitio de trabajo, puede detectar mediante la contra vigilancia al delincuente.

PROCEDIMIENTOS: Para detectar este tipo de delito se requiere por parte del Vigilante seguir los siguientes procedimientos:

Observar en todo momento su entorno y el interior, personas y actividades, vehículos, ventas ambulantes, retener esta información.

Cualquier indicio, comunicarlo al superior, si es necesario tomar contacto con las autoridades.

No dejarse abordar de personas extrañas y empleados, para no dejarse sorprender y no perder la visibilidad.

Tener un plan de acción a seguir, un campo de tiro y la protección adecuada.

COMBINADO

Es cuando se presentan alianzas entre el externo e interno, siendo cualquiera de los dos el iniciador, **COMBINADO INTERNO:** Cuando el delincuente trabaja dentro de una organización y recurre a un terceros que viene de afuera para que cometan el ilícito, suministrándoles la información y preparándoles el terreno. COMBINADO EXTERNO: Cuando el delincuente de afuera, mediante vigilancia determina a un trabajador de la empresa y le propone la alianza.

OBJETIVOS DE LA DELINCUENCIA

Cualquier sector de la vigilancia está expuesto con todos sus elementos que la componen a una amenaza por parte de la delincuencia, por ello veremos los objetivos de los delincuentes.

OBJETIVOS		
	PERSONAS	FUNCIONARIOS EMPRESARIOS COMERCIANTES MENSAJEROS ALMACENISTAS SECRETARIAS CAJEROS GERENTES GUARDAS DE SEGURIDAD EMPLEADOS EN GENERAL
	BIENES Y VALORES	DINERO JOYAS GALERIA MUEBLES ELECTRODOMÉSTICOS HERRAMIENTAS MERCANCIAS MATERIA PRIMA

	DOCUMENTOS INFORMÁTICA	**PLANES DE:** SEGURIDAD EMPRESARIOS COMERCIALES **INFORMACIÓN** CONTABLE CLIENTES **DOC. IDENTIFICACIÓN DINERO PLÁSTICO**

ORGANIZACIÓN DELINCUENCIAL Y MOVILES

La organización delincuencial se tiene en cuenta de acuerdo a la modalidad, constitución, medios y los motivos o causas que los motivan, así:

GENERADORES DE VIOLENCIA	MOVILES GENERADORES DE VIOLENCIA
GRUPOS SUBERSIVOS	REVOLUCIONARIO
• URBANA	ECONÓMICO
• RURAL	IDEOLÓGICO
GRUPOS ARMADOS	PERSONAL
• PARAMILITARES	DESEQUILIBRIO MENTAL
NARCOTRÁFICO	DROGADICCIÓN
DELINCUENCIA ORGANIZADA	MERCENARIOS
DELINCUENCIA COMÚN	
DELINCUENCIA EN POTENCIA	

COMO SABER SI USTED ES UN BLANCO

El saber que está bajo vigilancia es el mejor método para averiguar si usted ha sido escogido como un blanco potencial. Sin embargo, si usted está bajo vigilancia, esto no indica que automáticamente será el blanco final. Si su programa de seguridad está bien planea- do y se ciñe a él, puede indicar simplemente que el terrorista decida que su seguridad es muy buena y que atacarlo a usted puede ser muy difícil y no vale la pena. Pero, la vigilancia siempre debe ser tomada en serio. Cuando se detecta alguna vigilancia, informe in- mediatamente al Departamento de Seguridad. Si su compañía no tiene un Departamento de Seguridad, informe a la Policía o a la Embajada de los Estados Unidos. Suminístrele a la persona con quien hable la mayor información posible sobre la vigilancia. Incremente su seguridad y elimine todo viaje innecesario de su casa u oficina. Si es posible, váyase de vacaciones fuera del país. Esté pendiente para ver si la vigilancia continua y solicite la ayuda de su familia y de sus amigos.

El proceso de detectar la vigilancia puede ser difícil, pero generalmente no es el caso. Los buenos equipos de vigilancia, por lo general, pertenecen a entidades del gobierno y a grupos selectos de terroristas. Inclusive estos equipos de vigilancia cometerán errores o acciones que los harán visibles al blanco.

Para detectar la vigilancia es simplemente necesario saber a quién debe estar buscan- do, manteniendo los ojos abiertos, y sobre todo no creer en las coincidencias. Como un ejemplo extremo, si usted ve un Ford rojo con el guardabarros abollado parqueado fuera de su casa por la mañana y nunca ha visto este vehículo antes, posiblemente sea una coincidencia. Puede haber muchas explicaciones de por qué está ahí. Si usted ve el mismo vehículo al día siguiente cuando va para su casa, posiblemente sea vigilancia. Si el vehículo lo sigue alguna vez durante los próximos días, es vigilancia.

La vigilancia generalmente comienza en su casa y lo siguen hasta su destino final. Por esto es tan importante saber qué es lo que debe y no debe haber alrededor de su casa. Generalmente abarcará la rutina de un día completo hasta que llegue por la noche a su residencia. Puede ser de varias formas, pero por lo general incluye vigilancia desde otro carro, microbús, camión, u otro tipo de vehículo.

Practique los siguientes principios con mucho cuidado. Son muy sencillos y requieren muy poca concentración. Es imperativo si usted cree que lo están vigilando tome notas en cuanto a la clase de personas, descripciones, hora, etc. No haga nada que le pueda indicar a los vigilantes que usted los ha detectado. Usted no quiere enfrentarse con un par de terroristas y preguntarles por qué lo están vigilando? Puede que no le guste la respuesta. Si continúan vigilándolo, informe a su Departamento de Seguridad, y suminístreles toda la información que tenga y que ellos tomen la acción necesaria. La mayoría de los terroristas efectúan la vigilancia desde un vehículo. Manténgase alerta en cuanto a personas, bien sea peatones o dentro de vehículos, quienes lo estén mirando cuando se monta al carro. Acuérdese que su carro es el punto más importante del ataque. La vigilancia generalmente comienza inmediatamente usted arranca. Si alguien lo sigue a través de las primeras cuadras desde su casa u oficina, lo pueden estar vigilando. Esté pendiente de sus espejos. **pueden estar vigilando. Esté pendiente de sus espejos.**

3
PREVENCIÓN Y CONTROL DE EMERGENCIAS

INTRODUCCIÓN

CONCEPTO AMPLIO DE EMERGENCIA

El estar preparados para afrontar situaciones de emergencia, que en un momento determinado, puede llegar a afectar la integridad física de las personas, bien sea en forma individual o colectiva, es uno de los principales objetivos del Plan para Emergencias. La modernización de las Compañías, la implementación, el cambio de tecnologías y procesos y la falta de capacitación y entrenamiento del personal, en algunas oportunidades, conllevan a incrementar en alto índice, la posibilidad de que ocurran accidentes laborales, enfermedades profesionales o emergencias que puedan alterar la normalidad de un sistema.

Los problemas sociales y el orden público entre otros factores, que afectan al país en estos tiempos, exponen a las personas y a las instalaciones a ser víctimas de los riesgos de incendio, explosión y los fenómenos causados por la naturaleza como son los temblores, sismos, inundaciones; complementan el panorama de riesgos para los cuales se debe estar preparados para afrontarlos.

Por lo anterior es necesario elaborar y desarrollar planes de emergencia, para que en caso de presentarse alguna situación se cuente con los elementos teórico-prácticos necesario para atenderla, con la premisa de dar respuesta " A una emergencia inmediata una inmediata respuesta".

Es importante anotar que el Plan para emergencias, deberá ser dado a conocer a todos los funcionarios de la Compañía y deberá ser practicado con periodicidad, con el fin de que cuando haya que aplicarlo realmente, se facilite las operaciones de tal manera, que el tiempo de actuación sea el mínimo y las pérdidas humanas y materiales se eviten al máximo.

JUSTIFICACIÓN

Las empresas como Compañías, son un conjunto de recursos humanos, materiales y económicos, expuestos a diferentes factores de riesgo, los cuales en forma inesperada e imprevista, producen emergencias de diferentes tipos, produciendo un estado de perturbación parcial o total; en estos casos es cuando cobra verdadera importancia el Plan para emergencias pues de la preparación, el entrenamiento y el grado de alerta y respuesta inmediata, de las personas que conforman un conglomerado, dependerá el éxito para el control y la mitigación de los daños, en forma inicial; mientras se recibe la ayuda de los correspondientes organismos de socorro.

OBJETIVOS

El Plan para emergencias tiene como objetivo, preservar la vida, la salud y la integridad física de los empleados, usuarios y clientes de la Compañía, así como también salvaguardar sus bienes materiales.

La implantación del plan se orienta a:

- Dar seguridad a empleados, visitantes y clientes.
- Mejorar el nivel de seguridad y prevención en la comunidad.
- Proteger los bienes, activos y recursos materiales.
- Asegurar la continuidad de las operaciones en casos de emergencias.
- Proteger la seguridad laboral de los empleados.
- Disminuir los costos por seguros.
- Minimizar la vulnerabilidad de los riesgos a los que está expuesta la Compañía.
- Dar cumplimiento con la legislación vigente, tanto de las autoridades competentes en la materia como, la promulgación interna de la Compañía.
-

QUÉ ES EL PLAN

El Plan para Emergencia, es un conjunto de procedimientos y guías de acciones preventivas y operativas que se deben practicar, aplicar y seguir en situaciones que pueden conmocionar un orden establecido, generando riesgos parciales o totales, que pueden afectar la vida o integridad física de las personas, como también las instalaciones y bienes asociados.

MARCO DE REFERENCIA

La organización para la prevención y atención de emergencias se desarrolla desde el orden nacional, representada por la Dirección Nacional de Prevención y Atención de Desastres. Su razón de ser es fijar y hacer cumplir las políticas aplicadas al respecto, coordinador y seguir la atención de emergencias que superan el ámbito regional.

En Bogotá, si bien corresponde un nivel local, por su magnitud se organiza de acuerdo con zonas correspondientes a las alcaldías menores y a las juntas administradoras locales, encargadas de la organización para la prevención y atención de emergencias.

A la Alcaldía Mayor de Bogotá corresponde la máxima autoridad para el manejo de emergencias en la ciudad a través de la oficina para la prevención de emergencias de Bogotá, sustentada en la red distrital de urgencias y las instituciones prestadoras del servicio de urgencias, todas ellas obligadas según el decreto 412 de 1992 a prestar atención inicial de urgencias independientes de la capacidad económica del usuario.

De otra parte corresponde a toda institución y comunidad, prepararse para la atención de una Emergencia y establecer las normas preventivas correspondientes.

LEGISLACIÓN

El gobierno nacional contempló en su legislación, la necesidad de implantar en las em- presas oficiales y privadas, las facilidades y recursos para prestar los primeros auxilios a los trabajadores. Posteriormente a través de una nueva resolución, señaló la urgencia de implementar un Plan para Emergencias en las empresas colombianas, el cual está dividido en:

Rama preventiva
Rama pasiva o estructural
Rama activa o de control de emergencias

Toda empresa debe cumplir unas normas básicas de seguridad industrial que garanticen el bienestar de los empleados en caso de emergencias, deben existir unos lineamientos básicos para diseñar un Plan para emergencias, capaz de atender contingencias tales como detección y atención de incendios, primeros auxilios básicos y evacuación de personal.

Ley 9ª de enero de 1979. Título III. Art. 14. Salud Ocupacional.
Resolución 2400 de mayo de 1979. Arts. 14 y 16. Arts. 205 y 209. Seguridad en el trabajo y sitios públicos.
Decreto 919 de 1989 gobierno nacional, por el cual se organizó el sistema para la prevención y atención de desastres.
Resolución 1016 de marzo de 1989. Art. 11 numeral 18, por el cual se reglamenta la organización, funcionamiento y forma de los programas de salud ocupacional al interior de las empresas. "El organizar y desarrollar un Plan para emergencias".
Circulares de los años 98 y 99 del Ministerio de Trabajo, donde se exige a las A.R.P. coordinar que en sus empresas afiliadas se cuente con un Plan para la atención de emergencia, se conformen las brigadas y se realicen los simulacros de evacuación.

CLASES DE PLANES

La Legislación Colombiana actualmente vigente determinan la obligación que las em- presas deben estar adecuadamente preparadas para afrontar con éxito las eventuales situaciones de emergencia, más sin embargo no ha dado pautas, reglamentación y organización a estos planes, las instituciones dan nombres diferentes a los planes, por se han clasificado de la siguiente manera: Existe un Plan General que contempla los siguientes Planes.

CONTRA-INCENDIOS: Conjunto de acciones y procedimientos a prevenir las causas del fuego, mediante inspecciones y actuar en forma conjunta y organizada para el control del fuego cuando este se presente.

EVACUACION: Conjunto de acciones y procedimientos tendientes a que las personas amenazadas por un peligro protejan su vida y la integridad física, mediante un desplaza- miento hasta y a través de lugares de menos riesgo.

SEGURIDAD: Conjunto de normas y procedimientos que buscan prevenir y proteger a las personas y bienes dentro de un puesto de Vigilancia. Es el resultado de los análisis de riesgo que se determinan en un Estudio de Seguridad. En este plan se encuentran dos sub –planes:

PLAN BASICO DE VIGILANCIA: Es el básico de Vigilancia, este se hace con base en el estudio de seguridad que la empresa hace con antelación a recibir el puesto, determinando los riesgos, Vulnerabilidades, fortalezas, hombres necesarios, armamento, equipo, controles y funciones.

MANEJO DE CRISIS: Cuando el desarrollo normal de las actividades se ve alterado por cualquier suceso de seguridad, se entra en crisis, entre estas tenemos: Actos terroristas, secuestros, homicidios, atentados, huelgas, sabotajes, amenazas, accidentes dentro del puesto. Generalmente se elabora por parte de la empresa lo que se conoce como M.O.S. Manual de Operaciones de Seguridad, que son las normas y procedimientos que se deben emplear para cada una de las probables situaciones que se puedan presentar en el puesto.

SUSTANCIAS NATURALES: Se enmarcan dentro de estos planes, las situaciones que por la naturaleza producen riesgos, teniendo en cuenta que alguno de ellos, también pueden ser producidos por el hombre: Terremotos, temblores, avalanchas, inundaciones, huracanes, maremotos, etc.

CARACTERISITICAS DE UN PLAN

FLEXIBLE: Adecuarse a diferentes circunstancias

PARTICIPATIVO: Que las personas que participen en la ejecución, participen en el planeamiento.

ACTUAL: Realizar actualización con periocidad.

REAL Y OBJETIVA: Basado en la realidad de los elementos y personal con que se cuenta y designar objetivos que se puedan cumplir.

PARTES DE UN PLAN DE EMERGENCIA

Se aprende en esta parte de la capacitación la situación del puesto, con el fin de determinar cómo es la organización, con que se cuenta y a que riesgos se está expuesto.

SITUACIÓN GENERAL: Es el conocimiento de la organización interinstitucional, las instalaciones, inventarios y otros aspectos que son de importancia para el planeamiento.

SITUACIÓN PARTICULAR: Es el análisis general y particular que se hace del puesto, con respecto a los riesgos reales existentes y las probables situaciones que se puedan pre- sentar.

MISIÓN

Objetivos generales y particulares del plan, se incluyen las políticas de la empresa y tareas para el logros de los objetivos.

ELABORACIÓN DE UN PLAN DE EMERGENCIAS –

PARTE I FORMATO DE ELABORACION PLANES DE

EMERGENCIA SITUACIÓN

SITUACIÓN GENERAL

INFORMACIÓN GENERAL

NOMBRE DE LA EMPRESA	:
UBICACIÓN	: DPTO – MUNICIPIO – BARRIO O VEREDA – No.
AREA	: URBANA – RURAL – SUBURBANA – METROPOLITA.
AMBIENTE SOCIO – ECONOMICO	: INFLUENCIA DEL SECTOR (Delincuencia – actividad)
SECTOR	: SECTORES DE LA VIGILANCIA
ACTIVIDAD ECONOMICA	: OBJETO SOCIAL DE LA EMPRESA
EDIFICION /PLANTAS/ PISOS	: DESCRIPCIÓN GENERAL DE LA EMPRESA
ESTRUCTURA	: DESCRIPCIÓN INTERIOR DE LA EMPRESA
PERIMETRO	: INST. ALEDAÑAS, DESCRIPCIÓN, TIPO, ACTIVIDAD
INSTALACIONES ESPEC.	: MOTOBOMBAS – PLANTAS – ASCENSORES – A /A COMBUSTIBLE – CLADERAS -
FLUJO DE PERSONAS	: LENTO – RAPIDO – PERMANENTE – HORARIO
FLUJO DE VEHICULOS	: LENTO – RAPIDO – PERMANENTE – HORARIO
LIMITES	: NORTE
	: SUR
	: ESTE
	:OESTE

ORGANIZACIÓN

DEPENDENCIA / LOCALES	No EMPLEADOS	TURNOS / HORARIOS

INVENTARIO DE RECURSOS

EXTINTORES		CAMILLAS	
HIDRANTES		TRANSPORTE	
GABINETES CONTRA INCENDIO		SISTEMA DE ALARMAS	
RED CONTRA INCEND.		SISTEMAS DE DETECCION	
HERRAMIENTAS		PUERTAS DE EMERGENCIAS	
DOTACION BRIGADAS		AREAS DE REUNION	
BOTIQUINES		PLANES DE EMERGENCIAS	

INVENTARIO DE EXTINTORES

TIPO A		CO2	
TIPO B		SOLKAFLAM	
TIPO C			
TIPO ABC			

ENTIDADES DE SOCORRO Y SERVICIOS PÚBLICOS

ENTIDADES	UBICACIÓN / No TELEF. /
BOMBEROS	
POLICIA	
ANTI EXPLOSIVOS	
TRANSITO	
CRUZ ROJA	
DEFENSA CIVIL	
ELECTRIFICADORA	
EMPRESA DE GASES	
ACUEDUCTO	
AMBULANCIAS	
CLINICAS CERCANAS	

OTROS ASPECTOS DE INTERES

Experiencias de situaciones de emergencia que se hayan presentado con anterioridad.

SITUACIÓN PARTICULAR PANORAMA DE RIESGOS
IDENTIFICACIÓN DE LA AMENAZA

DEPENDENCIA /LOCALES	TIPO DE AMENAZA O RIESGO	CLASIFICACIÓN DE LA AMENAZA	DESCRIPCIÓN

CLASIFICACIÓN DE LA AMENAZA

AMENAZA POSIBLE: Evento que nunca ha sucedido, no se descarta que ocurra, no hay pruebas.

AMENAZA PROBABLE: Evento ya ocurrido, hay pruebas o indicios que pueda ocurrir.

AMENAZA INMINENTE: Es evidente y se ha detectado.

DE ORIGEN HUMANO		DE ORIGEN TÉCNICO	
AMENAZAS DE BOMBAS		INCENDIOS	
ATENTADOS TERRORISTAS		EXPLOSIONES	
SECUESTROS		ESCAPE VAPORES TOXICOS	
SABOTAJES		RADIOACTIVIDAD	
ASALTOS		FALLAS ESTRUCTURALES	
ATRACOS		FALLAS EQUIPOS Y SISTEMAS	
HUELGAS		ACCIDENTES	
DESORDEN CIVIL		DERRAMES	
CONCENTRACIONES MASIVAS		INUNDACIONES	
ROBOS		INTOXICACIONES QUIMICA	
ACTOS SUBVERSIVOS		INTOXICACIONES ALIMENTICIAS	
		CORTOS CIRCUITOS	
DE ORIGEN NATURAL		**OTROS TIPOS DE AMENAZA**	
MOVIMIENTO SISMICOS			
VOLCANES			
DESLIZAMIENTOS DE TIERRA			
INUDACIONES			
HURACANES			

PREVENCIÓN Y CONTROL DE EMERGENCIAS

INTRODUCCIÓN A LA PREVENCIÓN Y MANEJO EMERGENCIAS BRIGADA DE EMERGENCIAS

CREACIÓN DE LAS BRIGADAS: ORGANIZACIÓN DE LAS BRIGADAS:

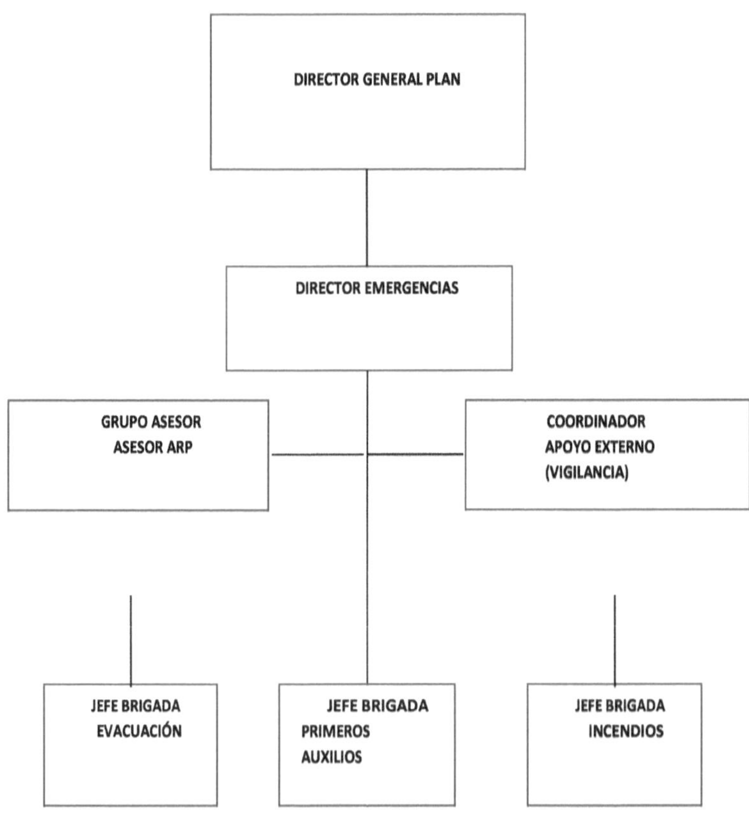

DIRECTOR GENERAL DEL PLAN

- Da soporte y solidez a la estructura orgánica del Plan para

Emergencias
- Avala las Políticas, los programas y las actividades del Plan definido.
- Controla y hace seguimiento a lo desarrollado.
- Decide la información que se debe suministrar a los medios de comunicación.

DIRECTOR DE EMERGENCIAS

- Recibe la alarma de emergencia y activa el Plan
- Establece comunicación permanente con los Coordinadores de emergencia.
- Coordina con la Dirección del Plan su diseño, desarrollo y evaluación.
- Coordina la emisión periódica de mensajes para activar el plan de emergencia
- Planifica y coordina programas de capacitación y entrenamiento a todos los involucrados.
-

GRUPO ASESOR

- Da soporte y solidez a la estructura orgánica del plan de emergencias
- Asesora en la definición de las directrices, procedimientos, programas y actividades del Plan de Emergencias.

COORDINADOR DE GRUPO

- Se hará cargo de la emergencia si no está el Director de Emergencias.
- Clasifica la emergencia, la noticia y comunica al Director de Emergencia
- En orden de prioridad evalúa y comunica las necesidades de: Evacuación, intervención grupos de apoyo.

COORDINADOR DE SEGURIDAD FÍSICA E INFORMACIÓN

- Coordina con el Director de emergencias y Dirección general del plan todos los aspectos relacionados con SEGURIDAD FISICA.
- Asume la coordinación y manejo de los medios de comunicación pública, en el evento de una emergencia.

COORDINADOR DE APOYO EXTERNO

Coordina con el Director de emergencias el apoyo logístico y reacción de los Grupos de ayuda Externa.

JEFE DE BRIGADA

- Ejecuta a través del coordinador de grupo el Plan para Emergencias y coordina la intervención de su respectivo grupo operativo.
- Cuando sea comunicada una situación de emergencia, el líder de grupo debe indagar sobre las siguientes situaciones: tipo de emergencia y ubicación, quien notifica y desde donde, hora de notificación y magnitud de la emergencia.
- Comunica sobre la situación de emergencia al coordinador de grupo y/o al director de emergencias.
- Vela porque el personal de la brigada a su cargo este operando de acuerdo con los procedimientos establecidos y tenga a la mano, todos los implementos necesarios para el control de la emergencia.
- Hace que las personas sigan las instrucciones impartidas por los brigadistas. FUNCIONES DE LAS BRIGADAS

BRIGADA CONTRA INCENDIOS:

- Están preparados para intervenir en cualquier emergencia que se presente en la compañía, cumpliendo las funciones asignadas.
- Durante la emergencia verifican que los riesgos se eliminen o solucionen adecuadamente.
- Rescatan las personas atrapadas.
- Controlan los siniestros para los cuales han sido entrenados.
- Colaboran en las labores de salvamento de bienes.

BRIGADA PRIMEROS AUXILIOS:

- Atienden a las víctimas según la prioridad establecida.
- Instalan puesto de atención y clasificación de víctimas.
- Llevan el control estadístico de pacientes, lesiones presentadas, atención suministrada y a donde se remiten.
- Coordinan con los servicios médicos externos la prestación de los servicios médicos de emergencias.
- Coordina el transporte de las víctimas.

BRIGADA DE EVACUACIÓN:

- Dan la orden de evacuación según lo establecido en este manual.
- Evacuan el personal verificando que ninguna persona quede en el área evacuada.
- Verifican que todas las personas hayan llegado al punto de encuentro.

4

PREVENCIÓN Y MANEJO DE EMERGENCIAS EXTINTORES Y EQUIPO DE CONTROL DE INCEDIOS

CONTROL DE INCENDIOS DEFINICIÓN DE FUEGO

Es la combinación del Agente Combustible y el Agente Oxidante (Oxigeno) en proporciones adecuadas y a una temperatura tal que permita mantener la combustión.

ELEMENTOS DEL FUEGO: Para que se pueda producir fuego, se requieren de tres agentes básicos que son: COMBUSTIBLE – OXIDANTE – TEMPERATURA

- AGENTE COMBUSTIBLE: Sustancia material que se deja oxidar por el agente Oxidante, produciendo luz y calor al adquirir la temperatura de ignición.

- AGENTE OXIDANTE: Elemento capaz de oxidar al agente combustible, se encuentra en el aire en proporción del 21%.
- TEMPERATURA: Es el Mayor o menor grado de calor que se presenta a medida que aumenta el proceso de oxidación.

MÉTODOS DE EXTINCIÓN DEL FUEGO

El sistema más eficaz para controlar el fuego, es cuando uno de sus tres agentes se retira.

- ELIMINACIÓN / AISLAMIENTO : Cuando se retira el Combustible.
- SOFOCAMIENTO / AHOGAMIENTO : Cuando se retira el oxígeno.
- ENFRIAMIENTO : Cuando se disminuye la temperatura.

IDENTIFICACIÓN SÍMBOLOS CLASES DE COMBUSTIBLES Y FUEGOS

Para cada clase de fuego existe un extintor especial, conoceremos los símbolos de identificación de los combustibles y de los extintores:

IDENTIFICA CIÓN	CLASE DE FUEGO	COMBU STIBLE
VERDE	A	SÓLIDO : PAPEL, TELA, CARTÓN, MADERA, ETC.
ROJO	B	LÍQUIDO INFLAMABLE COMBUSTIBLES Y GASES : GASOLINA,THINER, ALCHOL, ACPM
AZUL	C	ELÉCTRICOS: COMPUTADORES, ORES, ELECTRODOMÉSTICOS TRANSFORMAD CONECTADOS O ELECTRIZADOS
AMARILLO	D	QUÍMICO Y METÁLICOS : MAQUINARIAS INDUSTRIALES Y QUÍMICOS
	E	NUCLEAR: REACTIVOS NUCLEARES, PLANTAS NUCLEARES

CLASIFICACIÓN Y OPERACIÓN DE EXTINTORES

DEFINICIONES BÁSICAS

- **COMBUSTIBLE:** Cualquier sustancia sólida, liquida o gaseosa capaz de arder.
- **AGENTE EXTINTOR:** Es el producto sólido, liquido o gaseoso que apaga el fuego.
- **AGENTE EXPULSOR:** Es el gas utilizado para expulsar el agente extintor.
- **EXTINTOR O EXTINGUIDOR:** Es un recipiente que contiene un agente extintor, un agente impulsor y un mecanismo de aplicación. Algunos extintores pueden ser autoexpulsadores o auto

generadores de presión.

- **LIBRAS POR PULGADAS CUADRA (P.S.I.):** La medida de la presión dentro de un recipiente.
- **MANOMETRO:** Aparato mecánico que indica la medida de la presión interna de un recipiente.
- **MANGUERA EXPULSORA:** Conducto sintético por donde sale a presión el agente extintor.
- **TUBO SIFON:** Conducto sintético o metálico que va dentro del extintor, conectado al cuello de la válvula y por donde se transporta el agente extintor al exterior del recipiente.
- **CORNETA DIFUSORA:** Conducto sintético en forma de cono que sirve para quebrar la presión y esparcir el gas cuando sale al medio ambiente. Normalmente lo utilizan los extintores de gas carbónico.
- **VALVULA:** Mecanismo de control que sirve para dar salida al agente extintor y agente expulsor.
- **PASADOR DE SEGURIDAD:** Pasador metálico para asegurar la válvula del disparador del extintor.
- **PING DE SEGURIDAD:** Alambre metálico o plástico que asegura el pasador y garantiza que el extintor no ha sido utilizado.
- **A.F.F.F.:** Concentrado de espuma formadora de película acuosa, sirve para formar espuma que flota sobre el líquido.
- **PENETRANTE:** Aditivo especial hecho a base de detergente y sirve para disminuir la tensión superficial del agua y así penetrar en algunos sólidos que contienen aceites, como algodón, papel y cartón prensado.
- **CARTUCHO:** Algunos extintores emplean un cartucho donde está la presión almacenada (CO2).

CLASIFICACIÓN DE LOS EXTINTORES

NOMBRE COMERCIAL	AGENTE EXTINTOR	AGENTE EXPULSOR	CAPACIDADES	CLASES DE INCENDIOS
AGUA A PRESIÓN	AGUA (H2O)	NITRÓGENO	2 Y MEDIO Y 12 GALONES	A EXCELENTE
	AGUA MÁS PENETRAN	NITRÓGENO	2 Y MEDIO Y 12 GALONES	A EXCELENTE
	AGUA MÁS A.F.F.F. CON BOQ. DE DE AIRE	NITRÓGENO	2 Y MEDIO Y 12 GAL. -106 LIT.	A BUENO B EXCELENTE
POLVO QUÍMICO SECO	BICARBONATO DE SODIO	NITRÓGENO	2, 2 Y MEDIO, 5, 10, 20 Y 30 LBS.	A. REGULAR BC EXCELENTE
	BICARBONATO DE POTASIO	NITRÓGENO	150 LBS SOBRE RUEDA	
	CLORURO DE POTASI	NITRÓGENO		
POLVO QUÍMICO **SECO ABC -** **MULTI –** **PROPÓSITO**	FOSFATO DE AMONIO	NITRÓGENO GAS CARBÓNICO	2, 2 Y MEDIO, 5, 10, 20 Y 30 LBS. 150 LBS SOBRE RUEDA	ABC BUENO
GAS BIÓXIDO DE CARBONO	GAS CARBONICO. BIOXIDO O CARBONO	NITRÓGENO GAS CARBONICO	2, 5, 7, 10, 15, 20 LBS, 30 LBS SOBRE RUEDAS	A REGULAR B BUENO C EXCELENTE
HALON	MOLECULA DE METANO - BROMO - - FLUOR	NITRÓGENO	900, 1.500, 2.500 6.000 Y 9.000	A BUENO BC EXCELENTE
POLVO PARA COMBUSTIBLE	POLVO MET-LX - LITH-X / Na-X - LÍQUIDO TMB	NITRÓGENO Y APLICACIÓN MANUAL	10 KILOS EN ADELANTE	D EXCELENTE

5

PRIMEROS AUXILIOS

DEFINICIÓN PRIMEROS AUXILIOS

Son las primeras atenciones de urgencia e inmediatas que se le prestan a una persona víctima de un accidente, de enfermedades repentinas.

OBJETIVOS DE LOS PRIMEROS AUXILIOS

- Conservar la vida
- Evitar complicaciones
- Ayudar a la recuperación
- Trasladar al accidentado a un centro asistencial

NORMAS GENERALES DE LOS P.A.

- Conserve la tranquilidad y Transmítala al paciente
- Investigue la escena del accidente
- Comuníquese continuamente con la víctima
- No se retire del lado de la víctima
- No olvide las posibilidades de supervivencia
- No administre medicamentos
- No de licor en ningún momento
- No haga comentarios delante de la víctima
- No mueva al paciente

RECONOCIMIENTO PRIMARIO

- Revise el estado de conciencia
- Si la persona respira
- Abra la vía respiratoria
- Revise si la victima tiene pulso
- Revise si está sangrando
-

CUERPO

CABEZA: Cráneo, Caja ósea que contiene el encéfalo (Cerebro, cerebelo, etc.) y cara, que contiene los órganos de los sentidos.

TRONCO: En el tronco encontramos el tórax y el abdomen.

EXTREMIDADES: Se dividen en Superiores, brazo, antebrazo y mano y las inferiores, muslo, pierna y píe.

CIRCULACIÓN: Mecanismo por el cual se desplaza la sangre dentro del organismo.

CORAZÓN: Músculo donde llega la sangre y es bombeada al corazón, allí se oxigena, luego retorna a este para ser distribuida al resto del organismo.

VASOS: Son de tres tipos ; ARTERIAS : Llevan la sangre oxigenada a todo el cuerpo.

VENAS: Por donde retorna la sangre al corazón. CAPILARES : Vasos sanguíneos, pequeños que reparten el oxígeno y los nutrientes a las células y comunican las arterias con las venas.

RESPIRACIÓN: Función que asegura los cambios gaseosos entre el exterior y el organismo, se produce en dos actos que son Inspiración : Cuando el pulmón incorpora el oxígeno a los glóbulos rojos. Expiración: la expulsión de los desechos gaseosos (Gas carbónico).

CONSTATACIÓN DE SIGNOS VITALES

Son los valores normales o anormales de las funciones primordiales del organismo, que nos indican su estado y son: RESPIRACIÓN – PULSO – TEMPERATURA – TENSIÓN ARTERIAL

PULSO: Es la expansión y contracción rítmica de las arterías al paso de la sangre que impulsa el corazón. "EL PULSO MIDE LA VELOCIDAD A QUE LATE EL CORAZÓN"

¿DÓNDE SE TOMA?: CUELLO – MUÑECA – CODO – INGLE

VALORES NORMALES:

> NIÑOS: 80 – 100 PULSACIONES POR MINUTO ADULTOS: 60 – 85 PULSACIONES POR MINUTO
> ANCIANOS: 60 – 80 PULSACIONES POR MINUTO

PROCEDIMIENTO PARA TOMAR EL PULSO

- La mano del enfermo debe estar floja
- Coloque la yema de los dedos índice y corazón en el sitio donde va a tomar el pulso y haga ligera presión en la arteria

- Anote la cifra y hora en que se contó **RESPIRACIÓN:** Acto de entrada y salida de aire a los pulmones.

¿DÓNDE SE TOMA?: En el pecho

VALORES NORMALES:

> NIÑOS: 26 – 30 ACTOS POR MINUTO ADULTOS: 16 – 20 ACTOS POR MINUTO
> ANCIANOS: 14 – 16 ACTOS POR MINUTO

PROCEDIMIENTO PARA MEDIR LA RESPIRACIÓN

- El paciente debe estar acostado y boca arriba
- Sostenga la muñeca del paciente encima de su pecho
- Como si estuviese contando el pulso
- Cuente el número de veces que se levanta el tórax del paciente
- Anote la cifra y hora en que se conto
- Escuche la respiración para observar si es ruidosa

TEMPERATURA: Es el mayor o menor grado de calor de un cuerpo.

¿DÓNDE SE TOMA?: Boca – Axilar – Rectal

VALORES NORMALES:

De 36 a 37.5 grados centígrados es normal, si es mayor hay fiebre.

PROCEDIMIENTO PARA TOMAR LA   TEMPERATURA

Coloque el termómetro en ceros y proceda a esterilizar.

Luego teniendo en cuenta en la zona que va realizar la toma tenga en cuenta:

LA BOCA: Introduzca el termómetro suavemente en la boca, colóquelo a un lado e indique que lo sostenga debajo de la lengua.

AXILA: Abra ligeramente el brazo e introduzca el termómetro entre el brazo y el costado del pecho a la altura de la axila y presione suavemente el termómetro.

RECTO: Untar el termómetro con un lubricante para el cuerpo, el paciente debe estar boca abajo, se procede a introducir en el recto. anote la cifra y hora en que se tomó **TENSIÓN ARTERIAL:** Fuerza que hace la sangre sobre las paredes de la arteria.

RESUCITACIÓN CARDIO PULMONAR PROCEDIMIENTOS CON HERIDAS Y HEMORRAGIAS HEMORRAGIA INTERNA

- Acueste al lesionado
- Eleve sus piernas a un nivel más alto que su cabeza
- Vigile pulso y respiración
- No suministre alimentos ni bebidas al lesionado
- Cubra al lesionado para evitarle perdida de calor

HEMORRAGIA EXTERNA

- Haga presión fuerte con toalla, gasa o pañuelo sobre la herida.
- Coloque vendaje compresivo y vigilarle el pulso
- Si no hay fractura levante la extremidad.

LEVANTAMIENTO Y TRANSPORTE DE HERIDOS

- Plataforma sencilla
- Cargar a la espalda
- Muleta humana
- Asiento con dos manos
- Asiento de cuatro manos

OTRAS FORMAS

Métodos para levantar una
víctima Camillas
improvisadas

TRATAMIENTO DE QUEMADURAS - SHOCK: Son lesiones producidas en los tejidos blandos por acción del calor, sustancias químicas, agentes físicos. acción del calor, sustancias químicas, agentes físicos.

BOTIQUÍN DE PRIMEROS AUXILIOS MATERIAL DE CURACIÓN

NOMBRE GENÉRICO	NOMBRE COMERCIAL	INDICACIONES	PRECAUCIONES
A. ANTISEPTICOS: YODO- YOVIDONA SUSTANCIAS QUE EVITAN LA INFECCIÓN	ISODINE, YOVIDONA	Limpiar y desinfectar la lesión.	determinar antecedentes alérgicos.
SUERO FISIOLÓGICO		Limpiar o lavar heridas y/o quemaduras.	
B. GASAS, APÓSITOS Y COMPRESAS		Material absorbente, limpiar y cubrir heridas	
C. BENDAS		Sostener apósitos, controlar hemorragias o cubrir quemaduras y lesiones.	
D. APLICADORES		Pueden ayudar en la extracción de cuerpos extraños, y para la limpieza y aplicación de antisépticos en heridas.	
E. BAJALENGUAS		Inmovilización de fracturas o luxaciones de dedos y aplicación de cremas.	
F. ESPARADRAPO		Fijar gasas, apósitos y vendas.	

ELEMENTOS DE INMOBILIZACIÓN

Se utilizan para inmovilizar, sostener y prevenir complicaciones en pacientes con problemas osteomusculares.

Ejemplos:

Vendas elásticas Cartones

Tablas Esparadrapo.

MEDICAMENTOS

NOMBRE GENÉRICO	NOMBRE COMERCIAL	INDICACIONES	PRECAUCIONES
A. ANALGÉSICOS			
ACETAMINOFEN	Dolex, Focux, Winadol	Uso en caso de traumas, para aliviar el dolor, fiebre	No usar en victimas con anemia, lesiones renales, hepáticas e hipersensibilidad.
ÁCIDO ACETILSALICILICO	Aspirina, Bufferin, Winadeine	Igual	No usar en víctimas con ulcera gástrica, gastritis, asma, alérgicos.
B. ANTIPIRÉTICOS			
ACETAMINOFEN	Dolex, Focus, Winadol	uso en caso de traumas, para aliviar el dolor, fiebre	no usar en victimas con anemia, lesiones renales, hepáticas e hipersensibilidad.
C. SOBRES DE SUERO ORAL	Para rehidratar a pacientes que presentan diarrea, quemaduras, hemorragias.		
D. ANTIESPASMODICO	Buscapina	Manejo del dolor tipo cólico	
E. ANTI-INFLAMATORIOS	Ibuprofen, Motrin, Voltaren	En caso de edema y/o inflamación.	No usar en victimas con ulcera gástrica, asma, alérgicos.
F. QUEMADURAS	Furacin	Solo se utiliza en caso de curación	

6
RELACIÓN CON LAS AUTORIDADES

REDES DE APOYO Y SOLIDARIDAD CIUDADANA

ESTATUTO DE VIGILANCIA Y SEGURIDAD

El Estatuto de Vigilancia en diferentes partes de su contenido hacen énfasis de la colaboración con las autoridades competentes, como de igual, en la Circular Instructiva Externa de la S.V.S.P., en materia de las Redes de Apoyo y seguridad ciudadana.

PRINCIPIOS, DEBERES Y OBLIGACIONES QUE RIGEN LA PRESTACIÓN DE LOS SERVICIOS DE VIGILANCIA:

OBJETIVO: Es la disminuir y prevenir las amenazas que afecten la vida, la integridad personal o el tranquilo ejercicio de legítimos derechos sobre los bienes de las personas que reciben su protección, sin alterar o perturbar las condiciones para el ejercicio de los derechos y libertades públicas de la ciudadanía y sin invadir la órbita de competencia reservada a las autoridades.

PRINCIPIOS, DEBERES Y OBLIGACIONES:

*   Acatar al constitución, la ley y la ética profesional.
*   Respetar los derechos fundamentales y libertades.
*   Fortalecer la confianza pública en los servicios que se prestan.
*   Adoptar medidas de PREVENCION y CONTROL apropiadas para evitar la realización de actos ilegales o prestar el servicio a personas directa o indirectamente vinculadas con el tráfico de estupefacientes o actividades terroristas.
*   Mantener altos niveles de eficiencia.
*   Contribuir a la prevención de delitos en colaboración con las autoridades.
*   Observar en el cumplimiento de sus obligaciones las normas legales y

procedimientos establecidos por el Gobierno nacional.

- Emplear las armas de acuerdo con el uso autorizado, con sus respectivos permisos y no emplear armas no autorizadas de acuerdo a la ley.
- Emplear los equipos y elementos autorizados para los fines previstos.
- Asumir actitudes disuasivas o de alerta, cuando observe la comisión de un delito en sus alrededores, dando aviso oportuno a las autoridades.
- Denunciar ante las autoridades competentes la comisión de delitos.
- Prestar apoyo a las autoridades cuando lo soliciten, con el fin de atender casos de calamidad pública.
- Salvaguardar la información confidencial que se obtenga para el cumplimiento de sus funciones, salvo requerimiento de las autoridades.
- Conocer las actividades propias del usuario, las instalaciones y la situación que se presenta.
- Tener mecanismo de control para que el VIGILANTE no se vea y no incurra en actividades delictivas.
-

ORGANIZACIÓN DE REDES DE APOYO

ENTORNO LABORAL: La organización de las redes de apoyo se hace con base en los anillos de protección, el anillo Periférico es el Perímetro exterior está compuesto por los barrios, conjuntos residenciales, status social, condiciones sociales, actividad comercial, autoridades, personajes, estaciones de servicio, hospitales, bomberos, subestaciones de teléfonos-electrificadora – gas – acueducto, construcciones, fuentes de riesgos (grupos de delincuencia, drogadicción), afluencia de personas, transporte.

La forma de determinar si puede pertenecer a su red de Cooperantes, es analizando cada persona en forma particular, en este momento se debe determinar cómo se puede inducir a la persona para que en forma voluntaria colabore con la Vigilancia, uno de los primeros aspectos que se debe tener en cuenta es que no solo se brinda protección al Cliente que está pagando el servicio, sino que también está en capacidad de brindar apoyo oportuno a los vecinos en caso de requerirse, pero para ello requiere del apoyo del vecindario y en especial de la persona con la que se está hablando, a los cooperantes no se les puede organizar en grupo si se requiere de obtener información, si es para apoyo ante una situación de riesgo si se puede, mediante el apoyo de la Policía nacional que es la autoridad adecuada para organizar los frentes de seguridad ciudadana. Veremos algunos aspectos que son importantes de tener en cuenta para la organización de una Red de cooperantes.

VECINDARIO

PONAL	EDIF.	ALM.	
	P.V.	BANCO	TALLER
	ESTACIÓN DE GASOLINA		

Área rural, urbana, sub – urbana: La ubicación es de vital importancia, una Área Rural presenta ventajas: No hay mucha afluencia de personas, se puede tener un censo de las viviendas y habitantes aledaños, una o máximo dos vías públicas, los habitantes se pueden integrar a un programa de seguridad ciudadana. Área Urbana, presenta ventajas, apoyo más rápido por parte de la empresa y autoridades, servicios públicos eficientes, mayor vigilancia por parte de las autoridades. Desventajas, el delincuente puede emplear diferentes fachadas, mucha afluencia de personas y es difícil determinar quién es quién en el sector, debe ser cuidadoso en la selección de sus cooperantes.

Población: De la población los puntos de referencias son : Status social

(Alto – Medio
– Bajo)

Cada uno de los status sociales trae sus ventajas y desventajas para la organización de su Red de cooperantes, El Alto, se siente seguro por que paga una suma alta por la seguridad, es un poco escéptico para relacionarse con el vigilante, pero se puede lograr con el personal de empleados como empleadas domésticas, conductores, jardineros entre otros, la Baja, son más consientes con la actividad del vigilantes, son personas más exequibles, por consiguiente es más fácil de obtener de ellos una colaboración más eficiente.

ENTORNO FAMILIAR Y SOCIAL

La familia y amigos, pueden ser buenas fuentes de información, teniendo en cuenta que ellos laboran y se desarrollan en un ambiente diferente al suyo, se cree que lo que sucede o las informaciones de ellos no nos afectan, no importa, pueden de ser de gran valor para las autoridades, EJEMPLO: Un familiar que trabaja como profesor, asiste a una reunión del sindicato y tienen previsto un paro para X día, esto lo puede afectar a Ud., si la manifestación pasa por el frente de su puesto o por el de otro compañero.

CANALIZACIÓN DE LA INFORMACIÓN

El Gobierno Nacional ha determinado que la Policía Nacional es el ente que controla las Redes de Cooperantes para la Vigilancia y Seguridad privada, para ello ha destinado un Oficial Superior ante la S.V.S.P. y en cada Comando de Departamento hay un oficial o en su efecto un suboficial que es el encargado de mantener el enlace, de igual a determinado que la Policía tenga comunicación permanente con las Empresas de Vigilancia e este a su vez designa a un funcionario de la empresa para canalizar la información y transmitirla, los supervisores son otro canal de transmisión de la información, para que el Vigilante determine a quien le suministra la información, se debe hacer un análisis y clasificación de la información y el grado de rapidez con que se requiera el apoyo. EJEMPLO: Se tiene conocimiento de un asalto a la entidad donde laboro, se han visto sospechosos alrededor, se debe informar EMPRESA – PONAL – ENTIDAD, si la información es que al parecer se va efectuar un asalto y no se ha visto movimientos sospechosos, el canal puede ser: SUPERVISOR –

FUNCIONARIO ENLACE – PONAL.

RELACIÓN CON LAS AUTORIDADES
GRADOS Y DISTINTIVOS DE LAS FF.MM

ORGANIZACIÓN DEL ESTADO

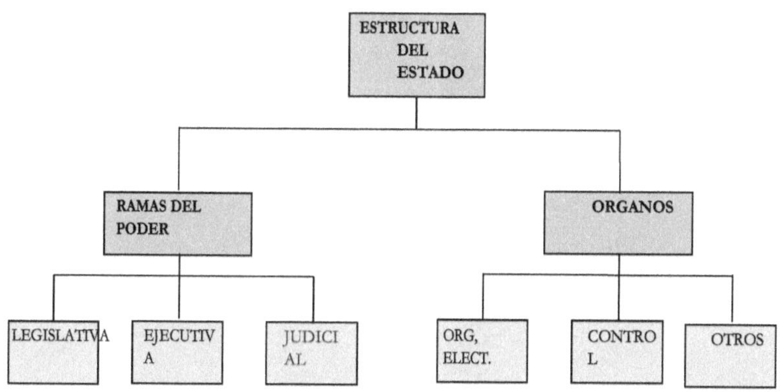

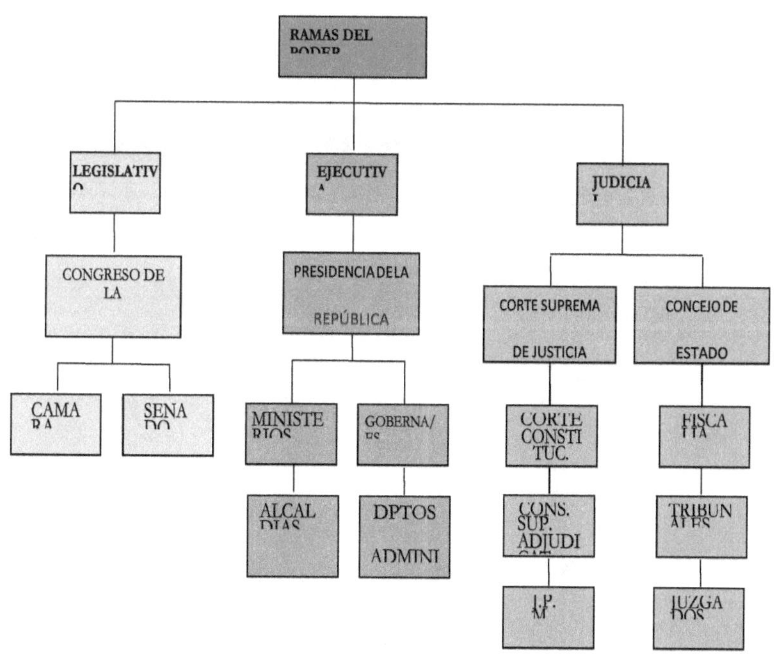

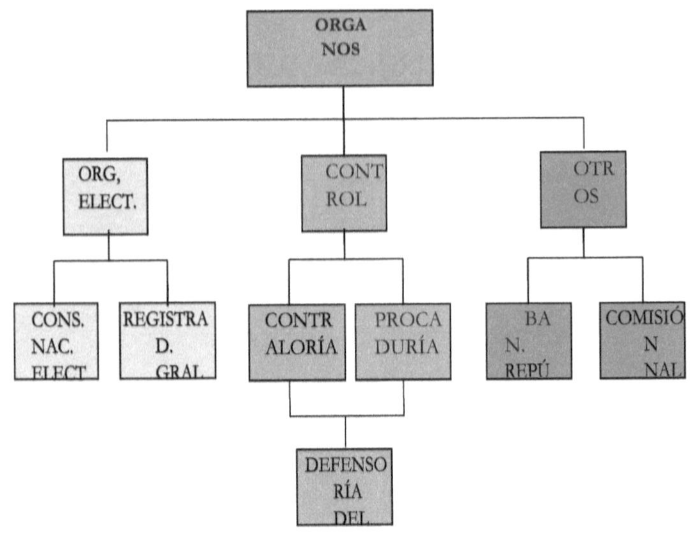

FUERZA PÚBLICA

GRADOS Y DISTINTIVOS

POLICIA NACIONAL

EJERCITO NACIONAL Y FUERZA AEREA ARMADA NACIONAL

**DEPARTAMENTO DE ADMINISTRATIVO DE SEGURIDAD "DAS"
FIS**

7
NORMAS PENALES

PRINCIPIOS GENERALES

CONCEPTO MULTÍVOCO DE POLICIA.

DEFINICIÓN: En nuestro medio el concepto de policía es multívoco por cuanto tiene por lo menos cuatro significaciones diversas en el Régimen Constitucional Colombiano. De un lado, se refieren a unas formas de actividad del estado ligadas con la preservación y restablecimiento del orden público: es el poder, la función y la actividad de la Policía administrativa. De otro lado, se refiere a las autoridades encargadas de desarrollar tales formas de actividad: son las autoridades administrativas de policía. En tercer termino, la policía es también un cuerpo civil de funcionarios armados: la policía Nacional. Final- mente, esta noción se refiere a la colaboración que pueden prestar ciertos cuerpos a las autoridades judiciales para el esclarecimiento de delitos: es la Policía Judicial.

VALORES FUNDAMENTALES PARA LA CONVIVENCIA FORMAS DE DEFENSA DE LOS DERECHOS

En los pueblos primitivos como se sabe no existió autoridad protectora de intereses particulares o colectivos.

El hombre, reaccionaba como los animales, instintiva y violentamente contra la agresión. La primera defensa fue:

La venganza: la ejercía el ofendido directamente el ofendido contra el agresor, contra su familia o contra su clan.

La retaliación no reconocía proporción entre la ofensa y la reacción y se ejercía sin límites y sin inhibiciones. Este sistema de defensa trajo como consecuencia el debilitamiento de los grupos sociales y una serie de perturbaciones de la convivencia.

La ley del Talión: los excesos de la venganza privada, de la "justicia por mano propia" se vieron frenados ya por esta ley, menos bárbara y al parecer más equitativa. Se encuentra enunciada en el Deuteronomio con estas palabras "ojo por ojo, diente por diente, brazo por brazo, etc.". "El Talión, sin embargo, diezmaba también, aunque en menor grado.

La Composición: del talión se pasó a la composición la cual viene a mitigar las formas de defensa anteriores; se trataba de una compensación generalmente pecuniaria por el daño causado y su cuantía dependía de la importancia de la misma. " Solo en casos excepcionales, como los delitos cometidos contra la persona del Jefe de la Tribu, no se admitía la Compensación porque se estimaba que ese no era un ataque individual sino colectivo". La composición tuvo su origen entre los antiguos germanos y parecer que también, se practicó en algunas tribus americanas; se explica como una medida tendiente a conservar al individuo a quien se juzgaba elemento útil para la estabilidad del grupo.

La venganza pública: es una forma de defensa propiciada ya no por los particulares sino por el estado mediante su función jurisdiccional. Se establecen entonces los hechos que son antijurídicos y por lo tanto punibles, la manera como deben solucionarse los conflictos de intereses, las autoridades competentes para ello, las sanciones que pueden imponerse etc. En una palabra, llegamos al concepto moderno según el cual, el estado es el único que puede administrar justicia como atribución exclusiva, general, definitiva y permanente.

En esta etapa de las formas de defensa es donde se institucionaliza una policía como entidad auxiliar de las ramas del poder estatal encargadas tanto de la ejecución de las leyes como de sancionar a quienes las infrinjan. Dentro del tiempo, la función policial debió haber nacido con la aparición de las primeras organizaciones que hoy llamamos estado.

LA SEGURIDAD COMO ELEMENTO ESENCIAL DE LA CONVIVENCIA

Para la administración de justicia, no podía el soberano en persona aprehender y castigar a quienes de una u otra forma alteran el orden social. En ese entonces, lo mismo que hoy, debió el jefe del Estado, construir cuerpos con cualquier denominación que le cooperaran en el ejercicio de su autoridad y velaran por su seguridad personal y la de su trono.

A través de las diferentes épocas el problema de la inseguridad ha sido de responsabilidad exclusiva de quienes ejercen el poder, por lo tanto el hecho de permitir que se incrementara este tipo de problemas, implicaba que el gobernante viera como su estado o nación fuera en decadencia; es así como se fueron organizando cuerpos que cumplieran funciones tendientes a contrarrestar cualquier forma de delito y de esta manera mantener el orden.

CONCEPTO MODERNO DE POLICIA

Para León Duguit, la Policía en un sentido general, es el servicio que tiene por objeto hacer reinar el orden, la tranquilidad y la seguridad en el interior de un grupo social y el territorio ocupado por él.

Maurice Hauriou lo define así: el régimen del estado, de una manera muy general, tiene por objeto hacer reinar el orden y la paz social por la aplicación del derecho; en un sentido elevado, eso es policía.

Arturo Orgaz dice que la Policía administrativamente, es la dependencia del poder ejecutivo, que reprime los abusos, persigue la violación a las leyes, en cuyo caso auxilia a la justicia; procura el orden y la buenas costumbres, vigila la conducta pública de los habitantes.

Guillermo Cabanellas se expresa sobre el particular así: la policía es un cuerpo que mantiene el orden material externo y la seguridad del gobierno y los ciudadanos a quienes ampara la legislación vigente. La policía constituye una manifestación del poder de autoridad del estado... de modo especial, la administración necesita cierto poder coactivo que asegure el mantenimiento del orden público, y a este fin tiende la policía en el orden social establecido.

El Doctor Jaime Vidal Perdomo manifiesta: estos elementos de seguridad y salubridad pública, han sido tradicionalmente considerados como constitutivos de la noción policía, como los fines a los cuales debe tender la actividad policiva y consecuentemente, la fuente de los poderes jurídicos correspondientes.

El Decreto Ley No0, 1355 del 04 de agosto de 1970 llamado "Código Nacional de Policía ", actualmente en vigencia algunos de sus artículos, no define propiamente lo que es policía sino que trata de establecer su finalidad cuando dice en su artículo primero que "la policía está constituida para proteger a los ciudadanos del territorio colombiano en su libertad y en los derechos que de esta se derivan, con los medios y con los límites estatuidos en la Constitución Nacional, en la Ley, en las convenciones y tratados internacionales, en los reglamentos de policía y en los principios universales del derecho".

Partiendo del supuesto de un estado de derecho agrega el decreto Ley aludido en su artículo segundo "al Policía compete la conservación del orden público interno. El orden público que protege la policía, resulta de la prevención y eliminación de las perturbaciones de la seguridad, de la tranquilidad, salubridad y moralidad públicas".

Dado que el ejercicio de la libertad, manifestado en tantas formas de conducta privada o pública, es el centro y justificación del reglamento y la actividad de la policía, el decreto ley en mención es enfático en establecer que ninguna actividad de policía puede contrariar a quien ejerza su derecho sino a quien abuse de él (Art., 6°). No parecer exagerado afirmar que en esta corta frase está comprendida toda función policial.

En la misma disposición legal en cita se define como público el servicio que presta la Policía, la cual, por la naturaleza de sus funciones es una institución civil de carácter oficial y nacional. De todas maneras sigue siendo un instrumento de coerción inmediata del estado y un auxiliar técnico de la justicia.

Teniendo en cuenta los anteriores conceptos, la forma de vida de nuestra nación, la situación social y de orden público, fue necesario incluir en la Constitución Política de Colombia

de 1991 un concepto más claro sobre lo que es la Policía Nacional de Colombia en la actualidad: " Artículo 218 la Ley organizará un cuerpo de Policía. la Policía Nacional es un cuerpo armado permanente de naturaleza civil, a cargo de la Nación, cuyo fin primordial es el mantenimiento de las condiciones necesarias para el ejercicio de los derechos y libertades públicas y para asegurar que los habitantes de Colombia convivan en paz. La Ley determinará su régimen de carrera, prestacional y disciplinaria".

LA POLICIA EN LA GLOBALIZACIÓN

Por esta época y desde hace varias décadas, nuestro país ha venido sufriendo una serie de cambios en el aspecto social, pérdida de valores, e insolidaridad y se está viviendo una crisis social de manera incalculable. Así mismo la alta tecnología ha ido desplazando la mano del hombre, dando pie a que por esta situación se incrementen las diferentes formas de comisión de delitos y contravenciones. Partiendo de estos conceptos a la Policía Nacional le han sido incrementadas un sinnúmero de funciones, tendientes a contrarrestar toda forma de delito, organizar a las comunidades en pro de su misma seguridad, propender por el encauzamiento de las buenas costumbres y en fin buscando que la sociedad se mantenga dentro de las normas establecidas para la convivencia de nuestra nación.

8
RELACIONES INTERPERSONALES

ORÍGENES DE LA TEORÍA DE LAS RELACIONES HUMANAS

Las cuatro principales causas del surgimiento de la teoría de las relaciones humanas son:

- Necesidad de humanizar y democratizar la administración, liberándola de los conceptos rígidos y mecanicistas de la teoría clásica y adecuándola a los nuevos patrones de vida del pueblo estadounidense. En este sentido, la teoría de las relaciones humanas se convirtió en un movimiento típicamente estadounidense dirigido a la democratización de los conceptos administrativos.

- El desarrollo de las llamadas ciencias humanas, en especial la psicología y la sociología, así como su creciente influencia intelectual y sus primeros intentos de aplicación a la organización industrial. Las ciencias humanas vinieron a demostrar, de manera gradual, lo inadecuado de los principios de la teoría clásica.

CONCEPTO DE MOTIVACION EN LAS RELACIONES HUMANAS

La motivación está constituida por todos los factores capaces de provocar, mantener y dirigir la conducta hacia un objetivo. En el ejemplo del hambre, evidentemente tenemos una motivación, puesto que éste provoca la conducta que consiste en ir a buscar alimento y, además, la mantiene; es decir, entre más hambre tengamos, más directamente nos encaminaremos al satisfactor adecuado. Si tenemos hambre vamos al alimento; es decir, la motivación nos dirige para satisfacer la necesidad.

La motivación también es considerada como el impulso que conduce a una persona a elegir y realizar una acción entre aquellas alternativas que se presentan en una determinada situación. En efecto, la motivación está relacionada con el impulso, porque éste provee eficacia al esfuerzo colectivo orientado a conseguir los objetivos de la empresa, por ejemplo, y empuja al individuo a la búsqueda continua de mejores situaciones a fin de realizarse profesional y personalmente, integrándolo así en la comunidad donde su acción cobra significado.

La motivación es a la vez objetivo y acción. Sentirse motivado significa identificarse con el fin y, por el contrario, sentirse desmotivado representa la pérdida de interés y de significado del objetivo o, lo que es lo mismo, la imposibilidad de conseguirlo.

El impulso más intenso es la supervivencia en estado puro cuando se lucha por la vida, seguido por las motivaciones que derivan de la satisfacción de las necesidades primarias y secundarias (hambre, sed, abrigo, sexo, seguridad, protección. etc.).

La motivación es resultado de la interacción del individuo con la situación. De manera que al analizar el concepto de motivación, se tiene que tener en cuenta que su nivel varía, tanto entre individuos como dentro de los mismos individuos en momentos diferentes.

MOTIVACIÓN Y CONDUCTA

Con el objeto de explicar la relación motivación-conducta, es importante partir de algunas posiciones teóricas que presuponen la existencia de ciertas leyes o principios basados en la acumulación de observaciones empíricas. Según Chiavenato, existen tres premisas que explican la naturaleza de la conducta humana. Estas son:

- El comportamiento es causado. Es decir, existe una causa interna o externa que origina el comportamiento humano, producto de la influencia de la herencia y del medio ambiente.

- El comportamiento es motivado. Los impulsos, deseos, necesidades o tendencias, son los motivos del comportamiento.

- El comportamiento está orientado hacia objetivos. Existe una finalidad en todo comportamiento humano, dado que hay una causa que lo genera. La conducta siempre está dirigida hacia algún objetivo.

EL CICLO MOTIVACIONAL

Si enfocamos la motivación como un proceso para satisfacer necesidades, surge lo que se denomina el ciclo motivacional, cuyas etapas son las siguientes:

- Homeostasis. Es decir, en cierto momento el organismo humano permanece en estado de equilibrio.

- Estímulo. Es cuando aparece un estímulo y genera una necesidad.

- Necesidad. Esta necesidad (insatisfecha aún), provoca un estado de tensión.

- Estado de tensión. La tensión produce un impulso que da lugar a un comporta- miento o acción.

- Comportamiento. El comportamiento, al activarse, se dirige a satisfacer dicha necesidad. Alcanza el objetivo satisfactoriamente.

- Satisfacción. Si se satisface la necesidad, el organismo retorna a su estado de equilibrio, hasta que otro estimulo se presente. Toda satisfacción es básicamente

te una liberación de tensión que permite el retorno al equilibrio homeostático anterior.

El ser humano se encuentra inmerso en un medio circundante que impone ciertas restricciones o ciertos estímulos que influyen decididamente en la conducta humana. Es indudable también que el organismo tiene una serie de necesidades que van a condicionar una parte el comportamiento humano. Así, por ejemplo, cuando tenemos hambre nos dirigimos hacia el alimento. Allí tenemos una conducta. Cuando tenemos hambre, en nuestro organismo se ha roto un equilibrio; existe, por tanto, un desequilibrio que buscamos remediar; entonces el organismo actúa en busca de su estado hemostático. El estado "ideal" sería el de tener el estómago lleno; pero cuando este equilibrio se rompe, inmediatamente nuestros receptores comunican al sistema nervioso central que el estómago está vacío y que urge volver a llenarlo para mantener la vida. Entonces ese equilibrio, ese estado hemostático, se rompe y el organismo busca restaurarlo nuevamente. Sin embargo, recuérdese que la homeostasis no es absoluta sino dinámica, en el sentido de permitir el progreso.

El organismo al accionar la conducta, no siempre obtiene la satisfacción de la necesidad, ya que puede existir alguna barrera u obstáculo que impida lograrla, produciéndose de esta manera la denominada frustración, continuando el estado de tensión debido a la barrera que impide la satisfacción. La tensión existente o no liberada, al acumularse en el individuo lo mantiene en estado de desequilibrio. Sin embargo, para redondear el concepto básico, cabe señalar que cuando una necesidad no es satisfecha dentro de un tiempo razonable, puede llevar a ciertas reacciones como las siguientes:

- Desorganización del comportamiento (conducta ilógica y sin explicación aparente).

- Agresividad (física, verbal, etc.)

- Reacciones emocionales (ansiedad, aflicción, nerviosismo y otras manifestaciones como insomnio, problemas circulatorios y digestivos etc.)

- Alineación, apatía y desinterés

Lo que se encuentra con más frecuencia en la industria es que, cuando las rutas que conducen al objetivo de los trabajadores están bloqueadas, ellos normalmente "se rinden". La moral decae, se reúnen con sus amigos para quejarse y, en algunos casos, toman venganza arrojando la herramienta (en ocasiones deliberadamente) contra la maquinaria, u optan por conductas impropias, como forma de reaccionar ante la frustración.

HUMANIDADES RELACIONES HUMANAS

Relaciones humanas: cómo acoger a los demás. En la actualidad están de moda los libros, conferencias, talleres, cursos, etc. que llevan por título "Relaciones humanas".

En empresas, escuelas y organizaciones hay una demanda tal que parece que hubiera una gran necesidad de relacionarse adecuadamente con las personas y eso es bueno, el lado negativo de esta situación es que este tema la mayoría de las veces se trata superficialmente y no se adentra en lo que es la persona y su llamado a ser vida y acogida para otros.

Por su parte, el escritor Pablo Neruda mencionó "El signo característico de nuestra época es, sin lugar a dudas, la soledad, la inmensa soledad que nace en el hombre al saberse y sentirse solo dentro de la multitud y el vocerío... La soledad encierra dentro de sí una ansía de muerte –la angustia- y un deseo irresistible de vida: el amor. Mas lo trágico de nuestra época "edad de los hombres solos", es la negación del amor"... y es que no basta estar rodeado de personas, frecuentar las plazas, recibir cursos de relaciones humanas si uno no tiene amor, si la persona no abre su corazón y decide amar a los que le rodean independientemente de la proximidad, de los intereses, de sus valores, muy pobres serán sus relaciones humanas pues raramente serán significativas.

La situación del mundo actual nos invita a reflexionar profundamente, puesto que cuanto más poblado se halla parece que más crece el vacío y la soledad en el corazón del hombre.

¿QUÉ SON LAS RELACIONES HUMANAS?

Las relaciones humanas se ocupan de la habilidad de llevarse bien con las personas y de crear relaciones significativas. Esta habilidad es importante ya que afectan todos los medios en los que la persona se desenvuelve: su vida hogareña, escolar, social, de trabajo, etc.

Cada día tomamos parte en actividades de relaciones humanas. Estas, significan mucho más que hablar con los demás. Comprenden todas las formas de comunicación; por ejemplo: escribir una carta, al hacer un movimiento con las manos, los ojos o el cuerpo, cuando leemos un libro, etc.

El desarrollo de buenas habilidades en relaciones humanas ayudará a volverse más efectivo en las relaciones con los demás en cualquiera de los medios antes mencionados. Estas habilidades sí que se pueden adquirir o mejorar en cursos y talleres, pero sobre todo en la lucha constante de ser una mejor persona desde el interior del corazón para poder ofrecerles a los demás un gran contenido que llene a su persona.

A medida que los medios modernos de tecnología, de conocimiento, de globalización acercan a los seres humanos, sus mutuas relaciones deben multiplicarse y ahondarse. Ha de buscarse en el mundo no solo "algos" que solucionen nuestros problemas, sino a un alguien. Sin embargo, ¿es tan sencillo como parece ponerse en relación con otro? (veremos qué es tan sencillo como uno quiera).El proceso de las relaciones humanas es una fuerza activa que lleva a la creación de relaciones agradables o desagradables. Relaciones humanas defectuosas ocasionan divorcios, fracasos de negocios, frustraciones, inseguridades, etc.

EL HOMBRE

Es un ser social por naturaleza, misma que se concibe de diversas formas:

Hay quienes lo conciben destructivo (Hobbes- El hombre es el lobo del hombre), otros que ven en él un engrane necesario para comprender el valor de la sociedad (Marx- el hombre es una pieza (engrane) que hace funcionar la máquina (sociedad) y también hay quienes siempre tiene puesto en él la esperanza de un hombre capaz de trascender (Juan Pablo II- "No tengáis miedo que vosotros sois la esperanza del mundo)...

Sea cual fuere la diversidad de las concepciones que se tengan del hombre, lo cierto es que el hombre es un ser social por naturaleza, desde la concepción y no sólo los primeros años de vida. y es que es una realidad que unos necesitamos de otros, no podríamos vivir solos.

Es natural destacar, al demostrar la sociabilidad natural del hombre, su necesidad de los demás y de la sociedad –en el ámbito corpóreo-material, espiritual, cultural y moral- Ningún ser vivo necesita de los demás en los primeros meses y años de la infancia tanto como el hombre.

Como afirma Hôffner en su libro Manual de Doctrina Social Cristiana "El animal está configurado por sus disposiciones naturales y por el mundo ambiente; el hombre no. Este transmite por tradición, educación y enseñanza sus experiencias y conocimientos de generación en generación. Toda cultura se basa en la posesión común de los bienes espirituales de las generaciones pasadas y presentes. Todos nosotros tenemos que recibir y aprender, tanto de los que existieron antes que nosotros como de los que viven con nosotros. Necesitamos sobre todo la conservación y protección de la sociedad, las normas del orden moral".

Así mismo y en concordancia con el autor referido en el párrafo anterior, en el fondo, la sociabilidad natural del hombre no radica utilitariamente en la exterior necesidad de los demás, sino que se fundamenta en el ser del hombre, cosa que significa riqueza y no pobreza.

La persona humana es mucho más que un ser lleno de necesidades, el ser humano es esencialmente comunicativo por lo que está llamado a compartirse y dejarse compartir por los demás. Todo ser personal tiende esencialmente a la entrega y a la participación, de forma que el ser personal está ordenado por esencia al tú y a la sociedad. La meta es el

recíproco dar y participar en los valores personales y por eso en las diversas estructuras sociales se determina su propia esencia, según la especie de los valores personales que en ellas intervienen; por ejemplo: el matrimonio, la amistad, etc.

LA SOCIEDAD

En la sociedad, a través de sus diferentes formas e instituciones han de practicarse las virtudes sociales y cada persona es y debe ser agente activo de estas. Algunas de estas virtudes sociales son la vivencia del amor al prójimo, fidelidad, veracidad, justicia, obediencia, etc. Así mismo, el hombre ha de estructurar ámbitos culturales que una persona no puede crear solo como lo es el arte, la ciencia, la economía, etc.; destacando como mediador del intercambio cultural y espiritual: el lenguaje, que a través de sus diversas manifestaciones y medios de comunicación, ha de ser adecuado para la comunicación de las riquezas más profundas del hombre.

RELACIONARSE ES AMAR

Como lo afirma Michel Quoist en su libro Triunfo, el valor profundo del se mide, entre otras cosas por su poder de relación; pero hemos de tener claro que el poder de relación no es esencialmente un conjunto de cualidades externas como la amabilidad, jovialidad, facilidad de palabra y de ademanes (detalles que podemos aprender y debemos afinar), ni es solo el fruto de cualidades interiores como la sensibilidad, compostura, atención. La facilidad en las relaciones se beneficia de esas cualidades que son solo el campo fértil para un auténtico encuentro, un encuentro de dos o más personas, de dos o más almas hasta lo más radical de su ser.

"Los hombres, hoy en día, individualmente o en grupo, desean relacionarse con sus semejantes. "Relacionarse"- "entrar en contacto" he aquí su ambición. Algunos creen que es una necesidad: otros, un deber. Yo creo que es las dos cosas a la vez. Necesidad porque es hombre no puede ya vivir aislado; resulta trivial decir que el mundo "se empequeñece" y que los intereses de unos y otros –por alejados que estén en el espacio y en el tiempo- están íntimamente enlazados. Deber, porque el hombre no puede perfeccionarse a sí mismo si no se une a los demás. Deber, sobre todo, porque los demás, redimidos también por Cristo y convertidos por El todos en hijos del mismo Padre, se convierten también en hermanos entre sí." (Quoist, M).

Solo podremos establecer adecuadas y extraordinarias relaciones humanas si abrimos nuestro corazón y permitimos el paso de la humildad, virtud que hay que cultivar en nosotros para poder ver nuestra grandeza y la grandeza de los demás, dejarnos inundar del amor y procurar el bien de los que nos rodean; relacionarse con otro no solo es hablarle, es mirarle, descubrirle, aceptarle, amarle, salvarle.

9
CONOCIMIENTO DE ARMAS DE FUEGO

NORMAS DE SEGURIDAD CON LAS ARMAS DE FUEGO

MANEJE TODA ARMA COMO SI ESTUVIESE CARGADA: Un arma descargada no cumple con su objetivo primordial que es inhabilitar a un agresor, lo que realmente causa daño y lesiones es la munición, por eso toda arma se debe manejar como si estuviese cargada, cuando Ud. recibe un arma y verifica que esta descargada, la costumbre es hacer un tiro al aire y es cuando se sucede el disparo, de igual, cuando Ud. entrega un arma a otra persona que hace tiro seco, es cuando se suceden los accidentes.

NO PREGUNTE SI UN ARMA ESTA DESCARGADA, CERCIÓRESE POR UD. MISMO: El

Vigilante no debe preguntar si está el arma cargada, debe verificar que su arma este debidamente cargada.

NO DISPARE A TRAVEZ DE OBSTACULO AL CUAL NO PUEDA OBSERVAR QUE HAY DETRÁS

DE ELLOS: Cuando Ud. esta en su puesto, no puede dispara a través de ventanas de cris- tal, puertas de maderas o paredes de poco grosor, ya que esto impide que Ud. pueda observar que hay detrás de ellas, de igual manera, cuando dispara para inhabilitar al delincuente, tenga en cuenta que el proyectil, puede atravesar al delincuente, causando heridas o muerte a personas inocentes que se encuentren detrás.

ANTES DE DISPARAR VERIFIQUE LA TRAYECTORIA QUE VA HA SEGUIR EL PROYECTIL:

Tenga en cuenta que el proyectil en superficies planas y dependiendo del ángulo de tiro, puede rebotar, causando daño a personas inocentes, de igual, cuando haga disparos al aire, verifique que trayectoria va a seguir el proyectil.

NO APUNTE A OBJETIVOS AL CUAL NO PIENSA DISPARAR: Cuando una persona aborda al Vigilante en forma agresiva, el movimiento automático es mandar la mano a la empuñadura, esto se puede tomar como amenaza y puede traer consecuencias funestas, otros más agresivos, sacan su arma, y viene el reto de la otra persona, dispare si es tan macho, hay dos caminos, guardar su arma y quedar mal, que es la más prudente o aceptar el reto, disparar y asumir las consecuencias.

CONTROLE LA BOCA DE FUEGO DE SU ARMA, TANTO EN CAIDAS COMO EN LOS

PROCEDIMIENTOS QUE SE HAGAN: En el momento de desenfundar su arma, esta debe estar con el cañón apuntando hacia arriba o en su efecto hacia el piso con un ángulo de inclinación de 45 grados aproximadamente y brazos estirados, nunca lleve el arma con el brazo encogido a la altura del pecho y tampoco a un costado con el brazo recto y hacía bajo, esto permite que en una caída o acción, dispare su arma causándose daño.

ANTES DE CARGAR UN ARMA VERIFIQUE EL ESTADO DE LA MUNICIÓN, ESTA DEBE

ESTAR LIMPIA, SECA Y EN BUEN ESTADO: La munición es la razón de ser de un arma, se le debe dar un uso y tratamiento especial, no dejarla caer al suelo, cuando se guarde el arma se de descargar el arma, ya que el contacto de la bala con el cañón oxida y deteriora este. Cuando esta la munición defectuosa o en mal estado, puede encasquillar la recamara y/o el tambor del revolver, de igual, el proyectil se puede quedar en el cañón, lo que ocasiona que en el siguiente disparó su cañón se floree o las estrías dañen.

NO MEZCLAR LAS ARMAS CON DROGAS Y BEBIDAS EMBRIAGANTES: El alcohol, por

su naturaleza es depresiva, cambia el estado de ánimo de las personas de acuerdo a las circunstancias que lo rodean, puede volverse alegre, triste o agresivo.

NO DEJAR LAS ARMAS AL ALCANCE DE NIÑOS Y PERSONAS INEXPERTAS: La vida esta

llena de ejemplos dolorosos por dejar las armas al alcance de los niños, se recomienda, guardar el arma en un sitio diferente al de la munición.

APLIQUE EN TODO MOMENTO LAS ANTERIORES

NORMAS DE SEGURIDAD. EL REVOLVER

DESCRIPCIÓN DEL REVOLVER

Martillo

Tambor

Disparador

Cacha

CAÑÓN

Mira delantera

Cuatro estrías

Tornillos

Recamara

EMPUÑADURA

Cachas
Resortes

CAJON DE MECANISMOS

Disparador

Aguja percutora

Martillo

Guarda Monte

Cuadro o tapa Tambor

Yunque

Vástago

Estrellas Araña

ACCESORIOS

Martillo

Chapuza

Útiles de aseo

Munición

LA ESCOPETA

DESCRIPCIÓN DE LA ESCOPETA

Punta de Mira

Recamara

Guarda Monte

Disparador

Culata

CAÑON

Anima lisa

Punto de mira

Recámara

Extractor

Seguro delantero

Guarda mano

Seguro cañón

CAJON DE MECANISMOS

Seguro Martillo

Aguja Percutora

Guarda monte

Disparador

Culata de madera

Cantonera

ACCESORIOS

Porta escopeta

Útiles de aseo

Porta munición

EJERCICIO DE TIRO

ORGANIZACIÓN DE UN POLÍGONO DE ARMAS DE FUEGO

AREA DE REUNION: Estará el personal de alumnos con un instructor recordando los principios básicos del tiro y normas de seguridad.

LINEA DE ESPERA: Estará el turno que a continuación efectuará el ejercicio, recibirán la munición.

STAFF: Está compuesto por el Instructor de tiro, funcionario de

Seguridad, escribiente y amunicionadores y tapa impactos.

LINEA DE TIRADORES: Compuesto por los tiradores, un auxiliar por cada dos tiradores.

LINEA DE TIRO (FUEGO): Línea imaginaria que hacen las bocas de fuego de las armas cuando están listas para ser disparadas.

CAMPO DE TIRO: Área compuesta por las canchas de los tiradores y de la trayectoria de los proyectiles, va desde la línea de Tiro hasta la línea de blancos.

LINEA DE BLANCO: Compuesto por los blancos y/o siluetas.

FOSO: Lugar donde se protegen los tapa impactos, se emplea en polígonos de larga distancia.

PARABALAS: Montículo de arena y/o otros elementos que permite detener los proyectiles.

COBERTURA DEL POLÍGONO:

Los limites periféricos del Polígono.

NORMAS DE SEGURIDAD EN UN POLÍGONO DE ARMAS DE FUEGO AREA DE REUNION

El personal hablará en voz baja, no se permite juegos u otra actividad que pueda poner en riesgo el ejercicio de tiro.

El personal estará bajo la instrucción de un docente, en capacitación y práctica.

El personal no podrá desplazarse a ningún otra área del polígono, sin la orden y/o autorización del Director de Tiro.

Cualquiera puede gritar ALTO EL FUEGO, cuando observe un peligro en el desarrollo del ejercicio o sus alrededores.

LINEA DE ESPERA

El personal estará en silencio, recibiendo la munición y atento a las instrucciones del Director de Tiro.

Cualquiera puede gritar ALTO EL FUEGO, cuando observe un peligro en el desarrollo del ejercicio o sus alrededores.

STAFF

El personal hablará en voz baja, no se permite juegos u otra actividad que pueda poner en riesgo el ejercicio de tiro.

Cualquiera puede gritar ALTO EL FUEGO, cuando observe un peligro en el desarrollo del ejercicio o sus alrededores.

El amunicionador alistará la munición para los alumnos y los entregará a los tiradores a órdenes.

El Oficial de seguridad verificará las armas empleadas al termino de cada turno y entregará las armas al nuevo turno.

LINEA DE TIRADORES

El personal no hablará, no se permite juegos u otra actividad que pueda poner en riesgo el ejercicio de tiro.

Cualquiera puede gritar ALTO EL FUEGO, cuando observe un peligro en el desarrollo del ejercicio o sus alrededores.

Alimentarán las armas a orden, una vez cargada se colocará con la boca de fuego hacia arriba.

Cualquier inconveniente, levantará la mano y el auxiliar atenderá la necesidad del tirador. No podrá voltearse, la posición y mirada estará en el blanco.

Si el arma es semi automática, no se preocupará por las vainillas.

Al finalizar el ejercicio, abrirá el tambor descarga las vainillas, espera para ser inspeccionado por el funcionario de seguridad.
Espera en la línea el resultado del ejercicio.

LINEA DE TIRO (FUEGO)

Nadie podrá sobre pasar esta línea.

CAMPO DE TIRO

Nadie podrá atravesar el campo de tiro, en desplazamientos lo hará por los

extremos. Durante el ejercicio no habrá ninguna actividad diferente a la

realizada por los tiradores. **FOSO**

Los tapa impactos, taparán las siluetas a ordenes, informarán la posición de los impactos cancha por cancha.

Al finalizar el ejercicio, gritarán

FOSO LISTO. VOCES DE

MANDO

TURNO DE LÍNEA DE ESPERA A LA

LÍNEA DE TIRADORES COGER UN

REVOLVER

CARGAR__(CANTIDAD) DE CARTUCHOS

LISTO A LA DERECHA – LISTO A LA IZQUIERDA (Si alguno tiene problemas con el ejercicio, levanta la mano, si no, guarda silencio)

TIRADORES APUNTAR......

_______________________(CANTIDAD)

CARTUCHO TIEMPO_____ (De acuerdo
al tipo de ejercicio)

A MI ORDEN PUEDEN DISPARAR.

LISTO A LA DERECHA – LISTO A LA IZQUIERDA (Si alguno
tiene problemas con el ejercicio, levanta la mano, si no, guarda silencio)

BOCA DE FUEGO HACIA ARRIBA, ARMAS ASEGURADAS

LISTO A LA DERECHA – LISTO A LA IZQUIERDA (Si alguno
tiene problemas con el ejercicio, levanta la mano, si no, guarda silencio)

FOSO MARCAR (Foso marca y tapa los impactos) cuando terminan dicen
FOSO LISTO) TIRADORES APUNTAR............

Se repite el ejercicio, al finalizar el ejercicio se ordena........ Funcionario de
Seguridad, inspeccionar las armas

Dejar las armas en el atril

Girar a la derecha o izquierda, según el caso, avanzar para evacuar la línea de
tiradores.

PRINCIPIOS BASICOS DEL TIRO

El conocimiento de estos principios básicos del tiro, lo harán excelente tirador
si los práctica de tal forma que adquiera destreza, cuando Ud. haga la acción que
esta sea como si hubiese aplicado un solo principio, pero realmente los ha
aplicado todos.

CONCENTRACION MENTAL Y ESTADO SICOLOGICO:

Concentración Mental es poner en práctica los principios básicos paso por paso
y el Estado Sociológico, es el estado de ánimo en el momento de accionar su
arma, recuerde que un encuentro con el delincuente, puede durar 5 segundos,
la alerta y su deseo de sobrevivir es lo que lo lleva a emplear su arma, su pulso
se altera por la adrenalina y la tensión, solo un entrenamiento adecuado hará
que Ud. reaccione con agilidad y destreza, su intención no es la de matar, si
no la inhabilitar al agresor, la de su agresor si es la de matar.

CORRECTA POSICION Y EMPUÑADURA DEL ARMA: En este nivel, conoceremos las diferentes posiciones del tiro :

POSICIONES DE PIE

ISOSCELES: PIERNAS SEPARADAS A LA ALTURA DE LOS HOMBROS, DE FRENTE AL OBJETIVO A ALTERNA (POLICE CROW) LA MISMA POSICION CON LAS PIERNAS SEMI FLECTADAS

WEAVER: PIERNA DOMINANTE AL FRENTE Y DEBIL ATRÁS, ABIERTAS EN ANGULO DE 45 GRADOS, FRENTE AL OBJETIVO.

ALTERNA (POLICE CROW) LA MISMA POSICION CON LAS PIERNAS SEMI FLECTADAS

DE RODILLAS

Tres puntos de apoyo, pierna débil doblada frente al objetivo apoyada por la planta del pie, pierna dominante doblada con apoyo de la rodilla y punta del pie en el piso, haciendo un ángulo en las piernas de 45 grados, el glúteo sentada sobre la pantorrilla de la pierna.

EMPUÑADURA

La empuñadura del arma, se toma con la mano dominante, los dedos meñique, anular y Corazón, envolviendo la empuñadura y el dedo gordo abrazando el cuello de la empuñadura, el dedo índice a un lado del disparador, se puede disparar el arma con un solo brazo o con los dos brazos. Cuando se emplean los dos brazos, se puede bloquear el arma con los dos brazos o con un solo brazo y el otro de apoyo.

El bloquear el arma significa que su brazo debe estar totalmente estirado, que el arma parezca la prolongación de ese brazo, cuando se bloquea el arma con los dos brazos, los codos deben ir hacia dentro y cuando se bloquea con un brazo el otro brazo sirve de apoyo. El Bloqueo sirve para que la fuerza del retroceso de la masa de gases recaiga sobre el brazo y no altere demasiado el pulso.

La teoría del pajarito: No apretar demasiado la empuñadura, sus músculos se tensionan y se altera el pulso, y muy floja, en el momento del disparo su arma cambia de posición o se le puede caer.

CORRECTA ALINEACION DE MIRAS Y PUNTERIA

MIRAS El conjunto de miras está compuesto generalmente por ALZA DE MIRA o MIRA TRASERA y el PUNTO DE MIRA.

ALINEACION DE MIRAS: La correcta alineación de miras consiste en utilizar adecuadamente las miras de un arma, mira trasera o alza de mira, con el punto de mira, esta debe encajar simétricamente, dejando igual haz de luz a lado y lado y que el poste quede horizontal a las paredes del alza de mira, así:

PUNTERIA: La correcta puntería consiste, en llevar la alineación de miras al blanco u objetivo al cual se piensa disparar

TRIANGULACION Y BARRA DE PUNTERIA: Se efectuarán tres disparos tiro a tiro, para ver la ubicación de los impactos, si está pegando en 5 a las 6, se le enseña al alumno que debe apuntar a 5 a las 9, para hacer las correcciones necesarias, si el arma tiene alza de mira se efectuaran las correcciones en los mecanismos de puntería.

CONTROL DE LA RESPIRACION: En forma simultánea, cuando se vaya a efectuar la alineación de miras y puntería y estira los brazos, se debe tomar aire y lentamente va soltando el aire adquirido, mientras que con sus ojos busca el blanco, cuando tenga alineado el blanco, suspénder por milésimas de segundos el aire.

ACCION DEL DEDO SOBRE EL DISPARADOR: El disparador o gatillo del arma se presiona con la yema de la primera falange del dedo índice de la mano que sostiene el arma, debe oprimir cuidadosamente hasta que el disparador no se mueva, este procedimiento lo hace simultaneo cuando toma el aire y bloquea el arma, cuando este la alineación de miras y puntería y haya suspendido el aire, lenta y progresivamente hacia atrás oprime el disparador.

EJERCICIO DE TIRO 1

TIRO	PRECISION
DISTANCIA	4 METROS
ARMA	REVOLVER
CALIBRE	38L
MODALIDAD	3 DISPAROS TIRO A TIRO, EN CADA TIRO SE MARCARÁ SE HARA TRIANGULACION, LOS SIGUIENTES TIRO A TIRO PARA VER LAS CORRECCIONES

EJERCICIO DE TIRO 2

TIRO	REACCION
DISTANCIA	8 METROS
ARMA	REVOLVER
CALIBRE	38L
MODALIDAD	2 DISPAROS DESENFUNDANDO EL ARMA DESDE LA POSICIÓN DE PIE, TOMA LA POSICIÓN DE RODILLAS, 1 DISPARO DESDE ESA POSICIÓN, 1 DISPARO CAMBIANDO POSICIÓN Y 2 DISPAROS DE PIE EN MOVIMIENTO, POSICION LIBRE.

EJERCICIO DE TIRO 3

TIRO	REACCION
DISTANCIA	8 METROS
ARMA	REVOLVER
CALIBRE	38L
MODALIDAD	FORMACIÓN EN CUÑA ADELANTE, A LA ORDEN ATENTADO, EL PUNTERO Y LOS 2 FLANCOS REACCIONAN 1 DISPARO TENDIÉNDOSE, 2 DISPAROS LEVANTANDOSE, 1 DISPARO CAMBIANDO POSICIÓN Y 2 DISPAROS DE PIE EN MOVIMIENTO DE PROTECCION, POSICION LIBRE.

EJERCICIO DE TIRO 4

TIRO	REACCION
DISTANCIA	8 METROS
ARMA	REVOLVER
CALIBRE	38L

MODALIDAD	SE HARA POR PAREJAS EN MOTO, EL VEHÍCULO SE COLOCA FRENTE A LOS BLANCOS, A UNA SEÑAL CON BANDERA, LA MOTO INICIA EL DESPLAZAMIENTO EL TIRADOR SE INCORPORA POR ENCIMA DEL CONDUCTOR Y EFECTUA 3 DISPAROS HASTA LLEGAR A LA LÍNEA DE BLANCOS, DESEMBARCA OBSERVA LOS IMPACTOS Y CAMBIA DE POSICIÓN Y DE ESPALDAS EFECTUA 3 DISPAROS.

EJERCICIO DE TIRO 5

TIRO	REACCION
DISTANCIA	8 METROS
ARMA	REVOLVER
CALIBRE	38L
MODALIDAD	SE HARA POR PAREJAS EN MOTO, EL VEHÍCULO SE COLOCA FRENTE A LOS BLANCOS, A UNA SEÑAL CON BANDERA, LA MOTO INICIA EL DESPLAZAMIENTO EL TIRADOR SE INCORPORA POR ENCIMA DEL CONDUCTOR Y EFECTUA 1 DISPARO HASTA LLEGAR A LA LÍNEA DE BLANCOS, DESEMBARCA OBSERVA LOS IMPACTOS Y CAMBIA DE POSICIÓN Y DE ESPALDAS EFECTUA 1 DISPAROS. PROTECCIÓN LATERAL CON LA MOTA EFECTUA 2 DISPAROS, PROTECCIÓN FRONTAL EN LA MOTO 2 DISPAROS

REDACCIÓN DE INFORMES

ELABORACION Y REDACCION DE

INFORMES DEFINICION

Es un sistema mediante el cual se anotan y comunican las actividades sucedidas durante un periodo determinado o por un hecho especial. El personal de seguridad, debe estar en capacidad y condiciones de redactar un informe correctamente.

CLASES DE INFORMES

- ESCRITO
- ORAL

MINUTA: Libro donde se anotan las actividades minuto a minuto de lo ocurrido en un turno

PREDISEÑADOS: Formatos establecidos por las empresas para rendir los informes

LIBROS DE CONTROL

- PERSONAL : EMPLEADOS / VISITANTES / RESIDENTES / USUARIOS

- VEHICULOS : EMPLEADOS/ VISITANTES / RESIDENTES/ USUARIOS / EMPRESA

- MERCANCIAS : ENTRADAS Y SALIDAS.

- DOCUMENTACION : CARTAS/ ENCOMIENDAS/ ARTICULOS EN GENERAL

El informe Escrito es para sustentar o dejar constancia de un hecho o actividad, normalmente se hace posterior al informe Oral, y este es el que se hace en forma inmediata antes o en el momento en que están sucediendo los hechos, dependiendo de las circunstancias.

FINALIDADES DE TODO INFORME

- PERSONAL : Persona a Persona, durante la visita del Supervisor o Coordinador .

- TELEFONO : Medio alambico

- RADIO-TELEFONO : Medio inalámbrico, suministrado por la Empresa.

- PARA COMUNICAR : Es como lo indica su nombre, para enterar a otras personas
de los hechos más importantes ocurridos durante un turno o
hechos especiales que requieren del conocimiento de los Jefes

inmediatos o de los interesados.

- COMO REGISTRO: Las anotaciones se realizan en forma cronológica, por consiguiente quedan registradas en los libros, posteriormente estas anotaciones quedan o sirven como antecedentes.

- COMO PRUEBA INVARIABLE: Las anotaciones realizadas nos sirven como prueba de un hecho , de una consigna, de haber recibido o entregado algo, constatar alguna actividad en modo, tiempo, lugar y responsable.

- COMO PROTECCION PROPIA: El informar oportunamente un problema o deficiencia en el sistema o cualquier hecho que se salga de las posibilidades de solución por parte del G.S. y por esto ocurra un hecho que lamentar, sirve para eximir de responsabilidad al G.S.

- OBSERVACION: El G.S. debe tener cuidado en el momento de hacer las anotaciones, el único que puede determinar la actitud o un hecho son las autoridades, por consiguiente se debe de PRESUMIR que los autores de un hecho son los responsables y las actividades son de APARIENCIA en su ejecución.

CUALIDADES DE TODO INFORME

- CLARO : Emplear un vocabulario sencillo, que se entienda cual es el mensaje.

- PRECISO : Hacer una descripción de la forma en que los hechos sucedieron, sin adicionar elementos o anotaciones que distraigan el mensaje.

- CONCISO: Aun que es sinónimo de preciso, se refiere a decir las cosas por sus nombres o con palabras exactas, sin dilaciones.

- OPORTUNO : Se debe elaborar o informar un hecho en el término de la distancia, deben de servir para tomar acciones correctivas inmediatas.

- COMPLETO : Debe contener los elementos necesarios para dar comprensión de los hechos.

INTERROGANTES QUE DEBE CONTESTAR TODO INFORME

Al elaborar un informe, tenga en cuenta estas preguntas, para que cuando lo esté redactando las vaya contestando, trate de no dejar ningún vacío.

- QUE : Es darle un nombre al hecho

- QUIEN: Las personas que directa o indirectamente están involucradas en un hecho. (Autores, víctimas, testigos), obtener el máximo de información Direcciones, teléfonos, documentos de identificación, etc.).

- CUANDO: Se refiere al tiempo en que sucedió el hecho, Día, Mes, Año y hora aproximada.

- DONDE: Identificar el lugar de los hechos u otros sitios de importancia para la investigación o aclaración del informe.

- COMO: Es la forma como sucedieron los hechos

- POR QUE: Concepto del motivo por el cual se presume la ocurrencia de un hecho, debe ser objetivo.

LIBRO MINUTA

FE	CH	A	HORA	ASUNTO	ANOTACIONES
D	M	A			

LIBRO CONTROL DE ENTRADA Y SALIDA PERSONAL

FECHA			APELLI DOS	C.C.	HORAS		DEPE NDECI	AUTORIZA	FICHO	OBSV.
D	M	A			ENT	SAL				

LIBRO CONTROL DE ENTRADA Y SALIDA DE VEHICULOS

FECHA			PLACA S	CONDUCTO R	C.C. No	HORA		AUTORI ZA	DESTIN O	FICH O	OB S
D	M					S ENT	SAL				
A											

LIBRO DE CONTROL DE CORRESPONDENCIA Y ENCOMIENDAS

RECEPCION		DESTINO	REMITE	No GUIA	TRANSPORTADORA	ENTREGA		
FECHA	HORA					FECH	HORA	FIRM
D M A						D M A		

RECOMENDACIONES PARA LA ELABORACION DE LA MINUTA

- FECHA: DIA 01 AL 31 / MES : EN NUMEROS ROMANOS (I/II/II/IV/ V/VI/ VII /VIII /IX/X/XI/XII) O LAS TRES PRIMERAS LETRAS (ENE – FEB- MAR-ABR-MAY-JUN- JUL-AGO-SEP-OCT-NOV-DIC-)

- HORAS: La hora militar 00:00 hasta las 24:00 horas, las 12 de la noche o PM son las 24:00 horas, después son las 00:00, hasta las 12 M son 01/02/03/04/05/06/0

  7/08/09/10/11/12 de ahí en adelante se le suma la hora a las 12, Ejemplo: 1 PM 12 más 1 = 13:00 horas / 6 PM más 12 = 18:00 horas.

- AÑO: 2.000/ 00 2.003/ 03 y así sucesivamente.

- ASUNTO : Nombre que se le da a la actividad. Ejemplo : PUESTO / CONSIGNA/ DINEROS etc.

- No se debe dejar espacios o líneas en blanco.

- No se permiten tachones ni borrones

- Al recibir y entregar el puesto se debe de anotar las novedades, consignas y firmar el libro.

Los libros pueden tener variación en su esqueleto y casillas, adaptándose a las necesidades de su puesto

10
FALSAS ALARMAS

Las falsas alarmas son el cáncer de los sistemas de vigilancia electrónica. Es conveniente por lo tanto conocer algunas normas para evitar su segura y peligrosa ocurrencia. Se remienda tener a mano y cumplir las instrucciones del manual de instalación y operación del fabricante.

GUÍAS GENERALES

- Verifique que el equipo no presente señales de daño por el manipuleo mediante el transporte.

- Verifique el equipo después de ser instalado para determinar daños atribuibles al fabricante.

- Ajuste el nivel de sensibilidad para saber cómo funcionan en condiciones drásticas.

- Evite o tenga en cuenta las áreas donde haya fuentes de generación electromagnética como transmisores, radares o motores, pues causan problemas en la operación de los equipos.

- Evite graduar la sensibilidad del sensor en su límite más alto. Esto causa falsas alarmas.
- Proteja contra la humedad y la lluvia el equipo instalado a la intemperie.

- Todo sensor de movimiento o vibración debe instalarse sobre una superficie firme.

- Compruebe la seguridad de todas las conexiones eléctricas.

- Una zona de detección exterior no debe sobrepasar los 100 metros lineales.

SENSORES DE PERTURBACIÓN DE BARRERA

- Los postes deben estar bien anclados y la malla templada.
- La base de la malla debe estar asegurada en concreto. Los árboles deben ser podados.

DETECTORES DE MICROONDAS

No debe haber obstáculos visuales entre emisor y receptor. El pasto debe ser cortado. Las zonas de detección deben traslaparse.

DETECTORES INFRAROJOS

- El piso debe estar nivelado, sin zanjas u obstrucciones entre las columnas de los detectores.
- El haz infrarrojo debe estar a un mínimo de 015 mts del piso. Las zonas deben traslaparse.

-

DETECTORES DE CAMPO ELÉCTRICO

- Cuando se instalan sobre la malla perimétrica, ésta debe estar bien templada.
- Toda vegetación debajo del campo eléctrico

debe podarse. GEÓFONOS

Deben ser enterrados lejos de objetos que se puedan mover con el viento.

SENSORES DE LÍNEA TENSA MAGNÉTICA

- Ubicar la línea lejos de objetos anclados al suelo.
- Evitar las líneas de energía a lo largo de la línea enterrada.
- Cuando una línea debe cruzar bajo líneas de energía el cruce debe ser perpendicular.

DETECTORES ULTRASÓNICOS DE MOVIMIENTO

- No deben usarse en áreas con fuertes corrientes de aire.

- No deben apuntarse hacia grandes ventanales o puertas que puedan vibrar y producir alarmas.

- No deben apuntar unos a otros a menos que estén situados a más de 20 metros.

- No se deben instalar cerca de aparatos de aire acondicionado o ventiladores.

- Ubique los detectores a más de 3 mts del teléfono o de cualquier equipo que produzca ruido.

-

DETECTORES DE MOVIMIENTO POR MICROONDAS

- No instale detectores a menos de 3 metros de lámparas fluorescentes.

- No los apunte a láminas o puertas metálicas que vibren al paso de vehículos o en el viento.

- No dirija los detectores hacia ventanas, paredes de madera o cualquier división que pueda ser penetrada por la energía y producir alarma al detectar movimientos en el exterior.

- No dirija los sensores hacia máquinas rotativas o equipos que pueden entrar en movimiento.

DETECTORES SÓNICOS DE MOVIMIENTO

Se debe considerar el hecho de que los detectores sónicos generan un tono audible de muy alta frecuencia que puede ser captado a considerable distancia, muy lejos del área protegida.

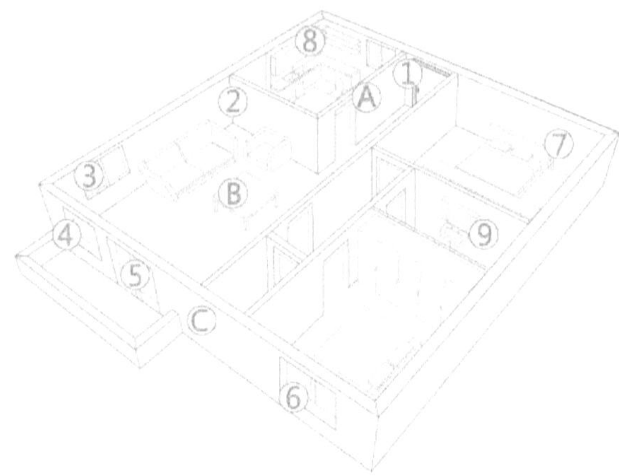

DETECTORES INFRAROJOS DE MOVIMIENTO

- Evite dirigir detectores hacia fuentes de calor que se estén prendiendo o apagando con cierta periodicidad. Evite dirigir los detectores hacia lámparas incandescentes.

- No monte los detectores sobre fuentes de calor.

- Evite dirigir los detectores hacia ventanas por donde entra la luz del sol.

DETECTORES DE AUDIO

Evite colocar los receptores del sistema de audio cerca a fuentes interiores de ruido.

DETECTORES DE VIBRACIÓN

- Tanto los detectores de vibración estructural como los que protegen los vidrios deben estar bien asegurados a la superficie que están supuestamente protegido.
- Los detectores de vibración estructural deben estar conectados a un circuito supervisor de pulsos que puede ser ajustado para que no produzca alarmas al primer simple impacto.

DETECTORES FOTOELÉCTRICOS

- Los emisores y receptores, así como los espejos deben montarse sobre superficies libres de vibración. No usar espejos con detectores más allá de 35 metros.

- Oculte transmisores y receptores para evitar alertar al intruso. Esto a veces es más importante que contar con un buen sistema anti intrusión.

DETECTORES DE CAPACITANCIA O PROXIMIDAD

No utilice bloques de madera entre el objeto metálico protegido y el plano del piso.

El plano de referencia del campo debe estar bien aterrizado para proveer un diferencial adecuado de potencia eléctrica entre el cuerpo metálico y el piso. Los tapetes de presión deben camuflarse para que no sean descubiertos por el intruso.

CIRCUITO CERADO DE TV

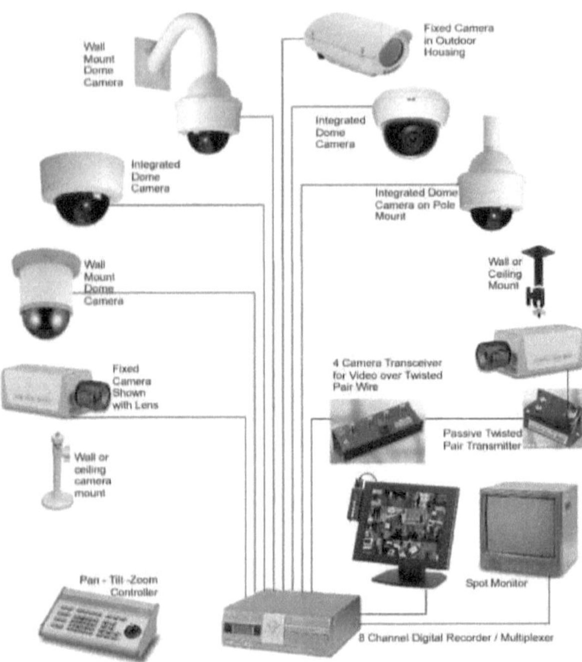

Es un sistema de supervisión con capacidad para cubrir el más recóndito vericueto. Las cámaras que se encuentran en el mercado satisfacen cualquier necesidad : las hay fijas, móviles, con zoom, para uso en exteriores resistentes al sol y a la lluvia, con iluminación o encendido automático, con lentes gran angulares, teleobjetivo, en blanco y negro o color. Hay también cámaras simuladas.

Las videograbadoras pueden mantener las imágenes y reproducirlas cuantas veces se quiera, en velocidad normal, vista estática o en cámara lenta. Esto es de gran ayuda en la descripción de un acto criminal. Se puede contar también con cámaras secuenciales que graban escenas a intervalos regulares recorriendo la instalación en rápida sucesión. La velocidad puede ajustarse o la cámara puede fijarse en un sitio específico. Si la visibilidad es baja se puede usar película infrarroja.

La variedad es inmensa. El sistema en principio parece excelente y en verdad que lo es, sobre todo cuando se piensa que un solo hombre frente a unos monitores puede atender la supervisión total logrando dos objetivos: economía de personal e incremento en el cubrimiento.

A pesar de las bondades y beneficios que brinda este tipo de vigilancia electrónica es necesario lanzar un aviso de cautela. El punto débil del sistema es el hombre. Su capacidad de concentración es mínima al cabo de dos horas; y después de un mes la monitoria es lo que menos le interesa. Para allanar el problema se debe contar con dos personas en turnos de 8 horas con el fin de revelarse cada dos horas. Esto, más la motivación diaria en una actividad monótona, puede ayudar a que el CCTV cobre la importancia que tiene si es bien instalado, utilizado y operado.

11
CONOCIMIENTO EQUIPOS DE COMUNICACIÓN

EMPLEO DEL RADIO

El correcto uso del radio en las actividades de seguridad es muy importante, es igual al empleo de las armas de fuego, ya que va a permitir que el G.S. informe oportunamente cualquier situación de riesgo o anómala y solicitar el correspondiente apoyo comunicándose con la empresa o Supervisor.

NOMENCLATURA DEL RADIO

Existen diferentes tipos de radioteléfonos, dependiendo del modelo y la marca, los más usados en nuestro medio, son radios sencillos de emplear, por esto conoceremos los nombres de las partes que lo componen: ANTENA – BASE DE LA ANTENA – PERILLAS: ENCENDIDO Y VOLUMEN – SELECTOR CANALES – LUZ INDICADORA – CONECTORES AUXILIARES – OBTURADOR: STAND BY Y P.T.T. – ALTA VOZ Y MICRÓFONO – BATERIA
– CARGADOR – MANOS LIBRES

TECNICAS DE EMPLEO DEL RADIO

Antes de encender el radio, verifique que la antena y la batería estén bien colocados y ajustados.

Cuando vaya a efectuar el cambio de batería, apagar el radio y proceder

al cambio. El ESCOLTA debe permanecer con el radio en forma

permanentemente.

El volumen se debe mantener bajo, suficiente para ser escuchado por el operador.

Las transmisiones se deben efectuar por periodos cortos y concretos, se debe pensar y organizar el mensaje antes de transmitirlo, el tener obturado demasiado tiempo recalienta los circuitos y este calor se transmite a la batería descargándose rápidamente.

Al modular por el radio, este debe estar en posición VERTICAL, y separado de la boca a
2.5 cmts aproximada- mente.

No exponer el radio al agua, los circuitos se oxidan y se aíslan; No someterlo a temperaturas altas, el calor dilata los circuitos y pierden la presión aislándose y protegerlo del polvo.

No emplear el radio: - Bajo tormenta, este puede permanecer prendido, no se debe obturar.
– Bajo cables de alta tensión, estos crean una capa magnética e interfiere la señal, cuando hay fugas de electricidad puede causar lesiones personales al operador y/o daños en el radio. – Cuando se tenga sospecha de la presencia de explosivos, al obturar genera ondas y si el iniciador del explosivo es electrónico, este puede activar el artefacto explosivo. – Evitar los árboles, la copa de estos interfiere en la señal.
Si la frecuencia de radio está ocupada, no transmita esto impide la comunicación de otros y la señal de su radio tampoco sale.

Contestar las llamadas oportunamente, en el programa esperar el turno.

Tener disciplina en las comunicaciones : - Utilizar un vocabulario decente. – No hacer bromas. – No jugar con el radio. - No emplearlo para asuntos personales.

Empleo técnico de las

comunicaciones:

INDICATIVOS: EMPRESA:

COBRA BASE **SUPERVISOR:**

SUPERCOBRA

EL ALUMNO: COBRA 5

<table>
<tr>
<td>COB
RA 5
DE
COBRA
BASE</td>
<td></td>
<td>RECIBIDO COBRA
BASE ESTE ES
COBRA 5
REPORTE S/N
CAMBIO</td>
</tr>
<tr>
<td>COB
ESPECIA
L</td>
<td></td>
<td>AFIRMATIVO

OBSERVACIONE
S) CAMBIO</td>
</tr>
</table>

EL Q.T.H.
SANTO 25
CAMBIO

RECIBIDO
Y Q.S.L.,
CONFIRME
EL Q.T.H.
CAMBIO

Q.S.L.
R Q.A.P.   FAVO

RECIBIDO
7..3.   TKS
PERMANEZCO Q.A.P.

Emplear los códigos y las claves correctamente, identificarse con el indicativo asignado. Cuando la empresa tenga códigos, al emplearlos no de pistas. EJEMPLO: (VEHICULO: VENADO / INICIA: INDIO / DESPLAZAMIENTO:

DADO / CARRETERA : CAL / SITIO: SOL / para transmitir el mensaje El vehículo inicio desplazamiento por la carretera a su sitio, se debería decir: VENADO INDIO DADO CAL SOL, a los minutos, transmite, LE INFORMO☐. VENADO DETUVO DADO POR QUE SE PINCHO☐ ☐☐.

De igual manera, las claves se deben emplear cuando una orden por radio se presentan dudas en quien la está transmitiendo, o cuando la orden se sale de lo normal, pero es lógica, se debe pedir autenticación, son de diferente tipo.

El operador o Supervisor da la Orden de permitir la entrada a su puesto de trabajo a un funcionario de los servicios públicos, se tiene información de un daño (Ejemplo: Fuga de Gas en el sector), es lógica la orden, pero no es común que esta situación se presente, el receptor solicita le autentique la orden, si es Martes, "AUTENTIQUE LA ORDEN TANGO", el que emite o da la orden si es correcto, le contesta: "RECIBIDO, TANGO CINCO", si se encuentra en una situación delicada, siendo capturado por la delincuencia, debe contestar: "RECIBIDO TANGO DIEZ", con esta respuesta esta informado que no debe cumplir la orden que se encuentra en situación de riesgo o amenazado, Ud. debe contestar, "RECIBIDO Y Q.S.L. ", y comunicarse con la empresa por otro medio.

OTRAS CLAVES

Se pueden emplear otras claves, como los sobre nombres, EJEMPLO: Escoger un sobre nombre como CARA PIÑA, al final de la transmisión por parte de quien emite la orden, dice "Q.S.L. CARA PIÑA", cuando escuche esta clave debe informar a la empresa la situación que se está presentando por otro medio diferente al radio y contestar "RECI- BIDO Y Q.S.L".

CODIGOS

Existen diferentes códigos que son empleados por las instituciones como la Policía, Ejército, Fiscalía, D.A.S. entre otros; Cada empresa puede tener su propio código y es su deber aprenderlo y utilizarlo correctamente, conoceremos el Código de la "Q" y el Alfabeto Fonético conocido como código Alfa.

CODIGO DE LA "Q"

QAP : PERMANEZCA EN EL AIRE /
ESTE ATENTO QSL : ENTERADO
DE LA NOTA
QTH : LUGAR O SITIO DONDE
SE ENCUENTRA QSO :
PROGRAMA / REPORTE

OTROS CODIGOS

CODIGO	SIGNIFICADO	COD	SIGNIFICADO
7 3	CORDIAL SALUDO	R.P.T.	REPITA POR FAVOR
W	NOMBRE	TKS	GRACIAS
R	RECIBIDO	O.K	OKEY – BIEN
M.O.	UN MOMENTO		

CODIGO ALFA / ALFABATO FONETICO

Este código es internacional y se emplea en la aéreo- navegación y es muy común en las autoridades del tránsito. Consiste en coger las letras de una palabra y convertirlas en palabras. EJEMPLO:

DELINCUENTE Palabra de 11 letras la persona que emite coge las 11 letras y las convierte en palabras así:

DADO E: ELSA L: LOMA I: INDIO N: NIÑO

CARLOS U: UNION E: ELSA N: NIÑO T: TANGO E: ELSA

El que recibe la información, no coloca toda la palabra si no la primera letra DADO – Coge la D, ELSA – coge la E y así sucesivamente.

OTRO EJEMPLO: Transmitir las placas de un vehículo BUM 272= BUQUE – UNION – MANO 2/7/2/ NUMERACION

Para la codificación de los números se emplea la clave MURCIELAGO, así:

MURCIELAGO Se colocan los números de 0 ha 10 como Ud. desee debajo de la palabra, 1 6 3 8 5 4 7 0 2 9, para transmitir el Numero 19´386.542, se dice : MORCUIEG.

Otra forma de transmitir los números cuando no reviste de una clasificación en la información, así:

01 PRIMERO / 02 SEGUNDO / 03 TERCERO / 04 CUARTO / 05 QUINTO / 06 SEXTO / 07 SEPTIMO / 08 OCTAVO / 09 NOVENO / 0 NEGATIVO

EJEMPLO: 19386542 Se transmite así : PRIMERO NOVENO TERCERO OCTAVO SEXTO QUINTO CUARTO SEGUNDO

Los siguientes signos se transmiten así: . PUNTO/ - GUION/ (ABRA PARENTESIS/) CIERRA PARENTESIS - .... PUNTO SUSPENSIVO/

12
EXPLOSIVOS

OBJETIVOS DEL TERRORISMO

- Crear confusión – Distracción para cometer otros delitos.
- Presión para lograr sus objetivos
- Daños Humanos, Sicológicos, materiales.
- Pérdidas económicas.
- Alarma Social y pánico.
- Materiales.

ARTEFACTO EXPLOSIVO

ARTE: Elaborar con técnica

FACTO: Fabricación

Es la fabricación de un explosivo con arte, Compuesto por los siguientes elementos.

EXPLOSIVO: Sustancia Química que se presenta en estado sólido, liquido o gaseoso, que mediante un mecanismo de Ignición e iniciación, se transforma en grandes volúmenes de Gases a elevadas temperaturas. Por los efectos que los explosivos producen se clasifican en:

ROMPIENTES – INCENDIARIOS – TOXICOS Y FUMIGENOS

Se encuentra en el mercado una gran variedad de explosivos, desde el industrial hasta el casero (Fabricación manual), entre los más comunes tenemos : Dinamita, TNT, Nitroglicerina, Plásticos, Thermita, Gasolina, Pólvora negra.

DISPOSITIVOS DE IGNICION: Es el medio que se emplea para que el explosivo se transforma teniendo dispositivos de iniciación: Los más conocidos son el estopín, espoleta de retardo

PIROTECNICOS – ELECTRICOS – MECANICOS – QUIMICOS – ELECTRÓNICOS

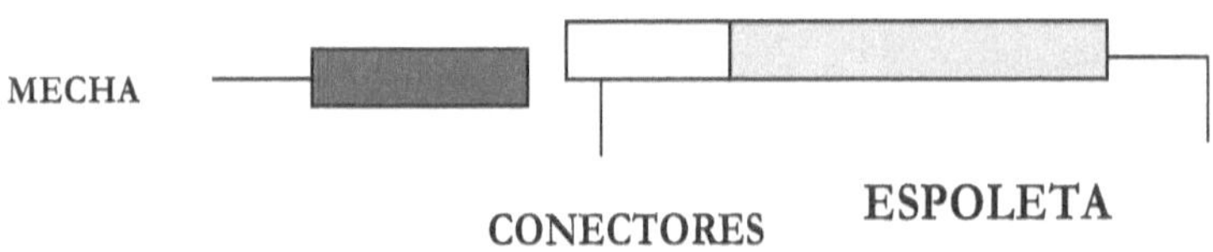

DISPOSITIVO DE INICIACION: En esta fase los explosivos son detectables, es la técnica que emplean para activar el dispositivo de Ignición del explosivo y se clasifican en:

PRESION – TRACCION – ALIVIO DE PRESION –

ALIVIO DE TENSIÓN VIBRACION –

INDUCCIÓN - MAGNETICA - DE FRECUENCIA

PROCEDIMIENTO EN CASO DE UNA BOMBA

FORMAS DE RECONOCER UN ARTEFACTO EXPLOSIVO

- Olor a Almendra – azufre o pólvora.
- Manchas de aceite o grasa en el exterior.
- Sobrepeso y grosor del paquete o sobre ausencia sellos
- Mala ortografía y letra
- Sellos restringidos (Confidencial –Personal)
- Papel aluminio
- Cables sueltos – hilos en las venas del sobre
- Remite inexistente o equivocado
- Actitud sospechosa de la mensajería.
- Exceso de cinta pegante

INSTRUCCIONES DE PROCEDIMIENTO DURANTE LA CRISIS

- Mantenga la calma, llame a seguridad.
- No mueva el artefacto
- Apague radios de comunicación – celulares
- No colocarlo en agua
- No cortar ni halar ningún cable
- No abrir el paquete o sobre sospechoso
- No fumar cerca al paquete
- Seguridad determinará la evac.

INSTRUCCIONES DE PROCEDIMIENTO ANTE DE LA CRISIS

- Antes de retirarse de la oficina deje todo en orden, detecte cualquier cambio o anomalía.

- Diariamente, al llegar a su oficina observe la presencia de objetos extraños, no los toque, informe.

- Personal de seguridad, efectuar control sobre paquetes, tulas, maletines, cajas o bolsas que ingresen y salgan de la empresa.

- Personal de aseo, observa y colabora con el control de paquetes, bolsas u objetos extraños en sus áreas de labor.

PROCEDIMIENTO EN CASO DE UNA LLAMADA DE AMENAZA

- Trate de mantener la calma
- Reciba el mensaje con exactitud y sin interrupción
- Ponga atención a ruidos de fondo
- Escriba todos los datos posibles
- Tono y acento de la voz
- Grabe la conversación si es posible
- Obtenga el máximo de información: - Lugar donde fue colocada – La forma que tiene – Hora de la explosión – Motivo o razón.
- De aviso inmediato a EMPRESA/ JEFE INMEDIATO Y AUTORIDADES.

CARRO BOMBA

CARACTERISTICAS DE UN CARRO BOMBA

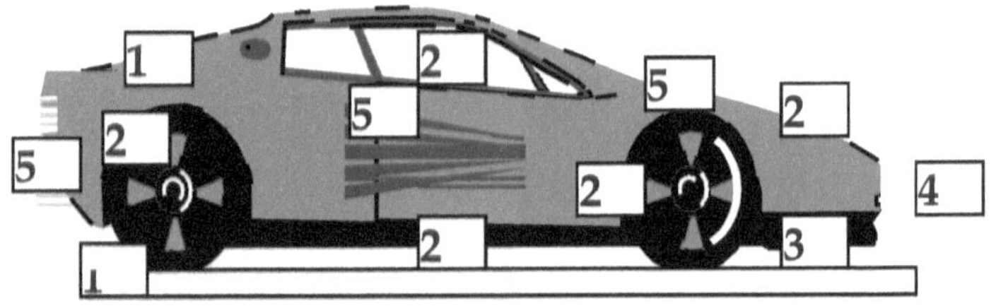

- Se observa que sin tener pasajeros, parece cargado, sobre peso en la parte trasera.
- Cables sueltos en el baúl, puertas, panel del tablero, capo, debajo del vehículo.
- Llanta desinflada o pinchada, para evitar que lo muevan.
- Puede No tener placas, estar golpeadas, retocadas, pintura borrosa, antiguas en carro moderno y viceversa.
- Puertas, baúl o capo entre abierto, sin seguro o cerraduras en mal estado.
- Cuando el vehículo está ocupado por dos o más personas, que abandonan intempestivamente el carro, se retiran del sector.

INSTRUCCIONES DE PROCEDIMIENTO

- Imposible determinar cuándo y donde habrá un atentado, los sitios más frecuentes, son: Parqueadero, Centros Comerciales, Bancos, Supermercados, entre otros.

- Comuníquese con las personas que están cerca, evitando el pánico, puede ser una falsa alarma.

- Retírese del lugar y de aviso a las autoridades, informe al detalle.

- Si no es posible retirarse del sitio, Protéjase debajo de un escritorio, dentro de un baño, habitación, si hay espejos o vidrio cúbrase la cara con una toalla o saco.

- Aléjese lo más posibles de donde halla gas, tanques de combustibles.

- Si escucha la explosión no salga, ni inspecciona el área, puede haber otro explosivo.

- Si observa que personas abandonan el vehículo, trate de identificarlos, avise al grupo ANTI-EXPLOSIVOS

- Por ningún motivo se acerque al vehículo, si observa la puerta entreabierta o sin seguro NO LA ABRA.

- No emplee, ni permita el uso de Radios, celulares o cualquier aparato que genere ondas, este puede activar el explosivo.

13
EL ESTRÉS

DEFINICIÓN

El uso del término estrés se ha popularizado sin que la mayoría de las personas tengan claro en qué consiste el mismo. Al revisar la amplia literatura sobre el tema, se encuentran multitud de definiciones, algunas de las cuales lo abordan indistintamente desde la perspectiva del estrés como estímulo, como respuesta o como consecuencia. Sin entrar a polemizar teóricamente sobre su definición, por no constituir objeto del presente trabajo, se aborda el estrés como: la respuesta adaptativa del organismo ante los diversos estresores, (Hans Selye, 1936).

Alternativamente para precisar conceptos, se utiliza el término "respuesta de estrés" al referirse a la respuesta inespecífica del organismo a cualquier demanda, y el término de "estresor" o "situación estresante" referida al estímulo o situación que provoca una respuesta de estrés.

En la actualidad han cobrado auge las teorías interaccionistas del estrés que plantean que la respuesta de estrés es el resultado de la interacción entre las características de la persona y las demandas del medio. Se considera que una persona está en una situación estresante o bajo un estresor cuando ha de hacer frente a situaciones que conllevan demandas conductuales que le resulta difícil poner en práctica o satisfacer. Es decir depende tanto de las demandas del medio como de sus propios recursos para enfrentarse a él (Lazarus y Folkman, 1984), o avanzando un poco más, de las discrepancias entre las demandas del medio externo o interno, y la manera en que el sujeto percibe que puede dar respuesta a esas demandas (Folkman, 1984).

La respuesta de estrés es una respuesta automática del organismo a cualquier cambio ambiental, externo o interno, mediante la cual se prepara para hacer frente a las posibles demandas que se generan como consecuencia de la nueva situación, (Labrador, 1992). Por tanto, ello no es algo "malo" en sí mismo, al contrario; facilita el disponer de recursos para enfrentarse a situaciones que se suponen excepcionales.

Estas respuestas favorecen la percepción de la situación y sus demandas, procesamiento más rápido y potente de la información disponible, posibilitan mejor búsqueda de soluciones y la selección de conductas adecuadas para hacer frente a las demandas de la situación, preparan al organismo para actuar de forma más rápida y vigorosa. Dado que se activan gran cantidad de recursos (incluye aumento en el nivel de activación fisiológica, cognitiva y conductual); supone un desgaste importante para el organismo. Si éste es episódico no habrá problemas, pues el organismo tiene capacidad para recuperarse, si se repiten con excesiva frecuencia, intensidad o duración, pueden producir la aparición de trastornos psicofisiológicos.

CARACTERÍSTICAS DE LAS SITUACIONES ESTRESANTES

Lazarus y Folkman (1984) señalan que existen ciertas características que parecen determinar el que una situación devenga como estresante, entre ellas se destacan: el cambio o novedad, la falta de información, la no predictibilidad, incertidumbre, ambigüedad, inminencia, duración y significación para la persona, entre otras. Al igual destacan las condiciones biológicas del organismo y la carencia de habilidades para hacerle frente.

Estos estresores pueden aparecer en diferentes contextos, ya sea laboral, familiar o social y pueden ser de tipo biogénico o psicosociales. Ambos tipos de estresores provienen tanto de estímulos externos a la propia persona como de aspectos internos.

Los estresores internos pueden ser estímulos de características físicas, como la sensación de malestar por mala digestión, el dolor producido por una herida, una enfermedad;

o de características más cognitivas como el recuerdo de una situación desagradable, pensamientos sobre la propia inutilidad o lo difícil que puede ser el futuro inmediato, sentimientos de culpa, ambiciones no conseguidas.

Los estresores externos también pueden provenir de aspectos físicos como la temperatura ambiental extrema, ruido o la luz intensa; o implicar aspectos cognitivos, por ejemplo: ver que dos personas hablan en voz baja y de vez en cuando lo miran y se ríen. Aunque funcionan como estresores tanto los aspectos físicos como los cognitivos, estos últimos son más frecuentes e importantes.

FUENTES DE ESTRÉS

Entre las variables contextuales generadoras de estrés se destacan el contexto laboral, el familiar y el social. Se tratará particularmente el estrés laboral.

CONSIDERACIONES GENERALES SOBRE EL ESTRÉS LABORAL

A pesar de que muchas personas opinan que el trabajo no es una actividad gratificante en sí misma, lo cierto es que su ausencia total o el sólo temor de quedar desempleado con todas las posibles consecuencias que ello implica suelen propiciar la aparición de problemas psicológicos en el adulto. Numerosos estudios ponen de manifiesto cómo los individuos sin empleo muestran progresiva disminución de su implicación personal, progresivo proceso de desencanto y "desenganche social", fuertes sentimientos de humillación, resentimiento por la falta de ayudas, sentimiento de abandono por parte de los amigos y retraimiento social, al sentirse ciudadanos improductivos y dependientes (González Cabanach, 1998).

Sin embargo, también el trabajo puede provocar efectos negativos en las personas cuando no se organiza y estructura atendiendo a las necesidades y capacidades reales de los encargados de llevarlo a cabo, considerando como tal, al hombre en su sentido genérico. Es entonces cuando puede aparecer el estrés laboral.

El estrés laboral es uno de los problemas de salud más grave en la actualidad, que no sólo afecta a los trabajadores al provocarles incapacidad física o mental, sino también a los empleadores y los gobiernos, que comienzan a evaluar el perjuicio financiero que les causa el estrés. En los EUA, por ejemplo, su costo para la industria se calcula aproximadamente en 200000 millones de dólares anuales, debido al ausentismo, la merma en la productividad, las reclamaciones de indemnizaciones, los seguros de enfermedad y los gastos directos en servicios médicos. En el Reino Unido se calcula que el costo del estrés asciende cada año hasta el 10% del PNB, como consecuencia de las enfermedades, la rotación del personal y la muerte prematura.

ASPECTOS LEGALES

En EUA y algunos países europeos se ha constatado un incremento de las demandas legales de los trabajadores a las empresas en relación con daños producidos por el estrés laboral. De hecho, análisis realizado por el Consejo Nacional de Compañías de seguro, se estudiaron las demandas realizadas en 13 estados de los EUA y se encontró que las de- mandas por problemas mentales sin relación con daños físicos comenzaron a aparecer a finales de los años 70 y representaban el 2.5% de las demandas por enfermedad en 1983. Es significativo señalar que las mujeres representaban el 50% de esas demandas entre 1980 y 1984, comparado con el 24% de otro tipo de demandas. Las demandas provienen de múltiples niveles ocupacionales (directivos, supervisores, agentes de ventas, emplea- dos, trabajadores); (National Council on Compensation Insurance, 1985).

En España se han producido cambios en la legislación sobre salud laboral con el fin de adecuarla a la normativa europea sobre esta materia. En ella se reconocen los posibles impactos negativos sobre la salud mental. El estudio detenido de esta nueva legislación y de la jurisprudencia que genere permitirá clarificar en qué medida el estrés es causa de enfermedad laboral y produce responsabilidades de las empresas por las que éstas tengan que compensar a sus trabajadores afectados.

EL ESTRÉS LABORAL. SUS CAUSAS

El estrés laboral aparece cuando como consecuencia del contenido o la intensidad de las demandas laborales o por problemas de índole organizacional, el trabajador comienza a experimentar vivencias negativas asociadas al contexto laboral, entre las que se destacan: apatía por el trabajo, astenia, dificultades en las relaciones interpersonales, disminución en el rendimiento laboral, tristeza, depresión, síntomas psicosomáticos que pueden llegar a generar la aparición de determinados trastornos psicofisiológicos, al igual que marcada insatisfacción laboral. (Se anexa encuesta para evaluar satisfacción laboral) (Rowshan, 1997).

Los factores estresantes pueden aparecer prácticamente en cualquier ocupación, profesión o puesto de trabajo y en cualquier circunstancia en que se somete a ese individuo a

una carga a la que no puede ajustarse rápidamente. En definitiva, el estrés en el trabajo es un fenómeno tan variado y complejo como la propia vida.

González Cabanach (1998) distingue algunas de las fuentes potencialmente estresantes en el contexto laboral, entre ellas destaca:

Factores intrínsecos al propio trabajo, tales como: las condiciones físicas en que se realiza, la sobrecarga laboral, disponibilidad de recursos, el contenido de trabajo y otros.

Factores relacionados con el desempeño de roles, por ejemplo: ambigüedad del rol, conflicto de roles, exceso o falta de responsabilidad, etc.

Factores relacionados con las relaciones interpersonales que se generan en la vida laboral.

Factores relacionados con el desarrollo de la carrera profesional, por ejemplo: falta de congruencia, falta de competencia para desempeñar el puesto ocupado.

Factores relacionados con la estructura y el clima organizacional, como son: falta de participación en la toma de decisiones, carencia de autonomía, etc.

AFRONTAMIENTO AL ESTRÉS LABORAL

Burke (1971), mediante entrevistas abiertas con personal directivo, identificó las conductas de afrontamiento ante situaciones de estrés categorizándolas en cinco grandes grupos:

1) hablar con otros; 2) trabajar más duro y durante más tiempo; 3) cambiar a una actividad de tiempo libre; 4) adoptar una aproximación de solución de problemas; y 5) alejarse de la situación estresante. Dewe et al., (1979), partiendo de conductas de afrontamiento realizadas por administrativos y trabajadores de oficina, obtuvieron cuatro tipos de estrategias: 1) acciones dirigidas a la fuente de estrés; 2) expresión de sentimientos y búsqueda de apoyo; 3) realización de actividades no laborales; y 4) intentos pasivos de esperar que pase la situación. Por su parte, Parasuraman y Cleek (1984) han distinguido entre respuestas adaptativas y no

adaptativas de afrontamiento. Entre las primera incluían: planificar, organizar, priorizar tareas y conseguir apoyo de otros. Entre las segundas clasificaron las siguientes: trabajar más duro pero realizando más errores, hacer promesa poco realistas y evitar la supervisión.

Dewe y Guest (1990) han identificado siete tipos de estrategias de afrontamiento ante situaciones de estrés laboral, la primera de las cuales se centra en el problema y el resto en los aspectos emocionales: 1)abordar o trabajar sobre el problema; 2) intentar que el problema no se apodere de ti; 3) descarga emocional; 4) tomar medidas preventivas; 5) recuperarse y preparase para abordar en mejores condiciones el problema; 6) utilizar los recursos familiares y; 7) intentos pasivos de tolerar los efectos del estrés.

La tipología de afrontamiento desarrollada en el Organizational Stress Indicator (Cooper et al. 1988) distingue seis tipos de afrontamiento: 1) apoyo social; 2) estrategias referidas a la tarea; 3) lógica; 4) relaciones familiares y trabajo; 5) tiempo; y 6) implicación.

Estas tipologías plantean el problema del afrontamiento desde la perspectiva individual, sin embargo, en el ámbito del estrés laboral, numerosos autores han puesto de relieve la necesidad de contemplar diversos niveles de análisis: individual, grupal y organizacional.

A diferencia de lo que ocurre en otros ámbitos de la vida, las estrategias de afrontamiento consideradas en el ámbito laboral no resultan eficaces para reducir las relaciones entre estresores y sus consecuencias. Por cuanto la eficacia de las estrategias de afrontamiento depende de la posibilidad de control del estresor, y por ello las estrategias estudiadas, en situaciones de trabajo resultan ineficaces ya que el control de los estresores raras veces está en manos del individuo. La mayor parte de los estresores laborales están entre los que se caracterizan como poco adecuados para las soluciones individuales. Su afrontamiento más bien requiere esfuerzos cooperativos organizados que trascienden el nivel individual, no dependiendo su solución de la habilidad de la persona para manejar sus recursos individuales. Así pues, es necesario identificar las estrategias de afrontamiento grupales y organizacionales, por cuanto con frecuencia las situaciones de estrés provienen de esos niveles

Newman y Beehr (1979), señalan que las respuestas de afrontamiento en el trabajo requieren la implicación activa de la organización. Esta respuesta puede concretarse en rediseño de puestos, cambios en la estructura organizacional, "feedback" para contribuir a la clarificación del rol, redefinición de criterios de selección y ubicación, introducción de formación de relaciones humanas, mejora de las condiciones de trabajo, mejora de la comunicación y mejora de los beneficios para el trabajador así como la introducción de servicios de promoción de salud.

EFECTOS NEGATIVOS DEL ESTRÉS EN EL TRABAJADOR

La exposición a situaciones de estrés no es en sí misma algo "malo" o que conlleve a efectos necesariamente negativos, solo cuando las respuestas de estrés son excesivamente intensas, frecuentes y duraderas pueden producirse diversos trastornos en el organismo. En los momentos iniciales estos trastornos son relativamente leves, lo cual se debe a que antes que se desarrolle un trastorno importante, el organismo emite señales que permiten ponerse en guardia y prevenir el desarrollo de problemas más importantes. (Valdés,1995). Entre los principales efectos se destacan:

Fisiológicos: Aumento de la tasa cardiaca, la presión arterial, la sudoración, del ritmo respiratorio, la tensión muscular, así como de los niveles de adrenalina y noradrenalina. Incremento de los niveles de azúcar en la sangre. Disminución del riego sanguíneo periférico y de la actuación del sistema digestivo. Incremento del metabolismo basal, del colesterol y

liberación de ácidos grasos en la sangre. Aumento de los niveles de corticoides. Inhibición del sistema inmunológico. Dificultad para respirar. Sensación de nudo en la garganta. Sequedad en la boca. Dilatación de las pupilas.

Cognitivos: Preocupaciones. Dificultad para la toma de decisiones. Sensación de confusión. Incapacidad para concentrarse. Dificultades para dirigir la atención. Sentimiento por falta de control. "Estrechamiento" de la atención. Desorientación. Olvidos frecuentes. Bloqueos mentales. Hipersensibilidad a la crítica.

Motores: Hablar rápido. Temblores. Tartamudeo. Voz entrecortada. Imprecisión. Precipitaciones. Explosiones emocionales. Predisposición a accidentes. Consumo de drogas (psicofármacos, alcohol, café). Comer en exceso o inapetencia. Bostezos. Trastornos del sueño.

Factores causantes del estrés laboral		
Causas	**Factores influyentes**	**Consecuencias posibles**
Condiciones de Trabajo	Sobrecarga cuantitativa de trabajo. Sobrecarga cualitativa de trabajo. Decisiones comunes. Peligro Físico.	Fatiga física o mental. Agotamiento del sistema nervioso. Irritabilidad. Tensión nerviosa.
Papel desempeñado	Ambigüedad de los papeles. Sexismo. Hostigamiento sexual.	Ansiedad y tensión nerviosa. Disminución del rendimiento.
Factores interpersonales	Mal sistema de trabajo y falta de apoyo social. Rivalidades Políticas. Celos profesionales. Falta de atención a los trabajadores por parte de la organización.	Insatisfacción profesional. Tensión nerviosa. Hipertensión.
Progresión profesional	Avance demasiado lento. Avance demasiado rápido. Seguridad del empleo.	Baja de la productividad. Pérdida de la confianza en sí mismo. Irritabilidad e ira.
Estructura orgánica	Estructura rígida e impersonal. Discusiones políticas. Una supervisión o formación inadecuadas. Imposibilidad de participar en la toma de decisiones.	Insatisfacción profesional. Pérdida de motivación. Baja productividad.
Relación hogar-trabajo.	Repercusiones de la vida laboral en la familia. Falta de apoyo del cónyuge. Peleas domésticas. Estrés provocado por una doble carrera.	Conflictos psicológicos y fatiga mental. Falta de motivación y disminución de la productividad. Recrudecimiento de las peleas domésticas.

CONSECUENCIAS DEL ESTRÉS PARA LA ORGANIZACIÓN

Cada persona que sufre de estrés está pagando un alto precio por su salud personal, pero también pagan un alto costo la empresa para la cual trabaja y la economía nacional pues trae como consecuencia:

*   Absentismo
*   Rotación o fluctuación del personal
*   Disminución del rendimiento físico
*   Disminución del rendimiento psicológico
*   Afectaciones en la calidad del trabajo realizado
*   Accidentes
*   Indemnizaciones por conceptos de reclamación o certificados médicos
*   Otras

Cooper (1983) señala en la siguiente tabla algunas de las principales causas del estrés laboral y las posibles consecuencias que este puede generar.

TÉCNICAS PARA EL CONTROL DEL ESTRÉS LABORAL

La lucha contra el estrés laboral constituye uno de los grandes empeños que deberán acometer tanto los gobiernos, como las estructuras de dirección en los diferentes niveles y los sindicatos en los próximos años. Las empresas que probablemente tengan más éxitos en el futuro serán las que ayuden a los trabajadores a hacer frente al estrés y adapten las condiciones y la organización del trabajo a las actitudes humanas.

Los elementos abordados teóricos y metodológicos abordados y las referencias empíricas con que se cuentan en la actualidad dejan por sentado que el fenómeno del estrés laboral es perfectamente controlable.

Al trabajar el estrés laboral debe tomarse en cuenta que su control debe trascender necesariamente el límite de lo individual y considerar lo grupal y lo organizacional. Ha habido muchas formas de clasificar las intervenciones en este sentido Mattenson e Ivanevich (1987) distinguen entre técnicas y estrategias preventivas y curativas; DefranK y Cooper (1987) sugieren que las intervenciones pueden atender a aspectos individuales, organizacionales o de la "interfase" entre individuo y organización y Murphy (1988) diferencia tres niveles de intervención: primaria (reducción de los estresores), secundaria (gestión o manejo del estrés) y terciaria (programas de asistencia a los empleados).

A continuación se presentan algunas sugerencias de estrategias válidas para el control del estrés laboral desde dos perspectivas:

ESTRATEGIAS DE INTERVENCIÓN A NIVEL ORGANIZACIONAL

Estrategias de intervención a nivel

individual. Estrategias de intervención en el

ámbito organizacional.

Al enfocar el enfrentamiento al estrés es importante tener en cuenta que el mismo debe ser enfrentado desde dos perspectivas: la individual y la organizacional.

Para abordar la forma en que las organizaciones deben enfrentar el estrés laboral es necesario considerar que cada organización, por poseer características que la hacen particular, debe adoptar formas de enfrentamiento acorde a la cultura que prevalece en la misma; a la par que por cuanto la organización se encuentra imbricada en un sistema de relaciones con otras organizaciones y con la sociedad en sentido general existe un conjunto de variables que no pueden ser controladas sólo por la misma, que pueden contribuyen a la aparición de este.

Por tanto desarrollar estrategias para la disminución del estrés laboral implica, tener en cuenta la cultura de la organización, (nivel arquitectónico, valores y presunciones básicas que operan en la misma). Al igual evaluar variables que puedan influir en el comportamiento de las personas y grupos que se desarrollan en una organización tales como: estilos de dirección, liderazgo, comunicación organizacional e interpersonal, clima sociopsicológico, estilos de solución de conflictos, distribución de funciones y claridad de las mismas, organización y diseño de los puestos de trabajo, satisfacción laboral, motivación, entre otras.

El diagnóstico de estas variables no es estático, debe buscarse la explicación del funcionamiento de ellas en la organización y como los individuos operan bajo los efectos de las mismas.

Una organización en que su sistema de gestión de recursos humanos considere al hombre el centro de todos los procesos que se dan hacia dentro y fuera de la misma traza y planifica estrategias en diferentes direcciones teniendo en cuenta las variables anteriormente mencionadas.

Para la concepción y aplicación de estas estrategias resultan necesarios entre otros los siguientes aspectos:

Estudios de puestos de trabajo, que establezcan las exigencias del mismo y por consiguiente encuentren los efectos negativos del trabajo sobre el hombre que desempeñará esas funciones, entre ellos el estrés laboral.

Diseño y puesta en marcha de sistemas de selección de recursos humanos que tomen en cuenta los efectos negativos de la relación del hombre con su actividad laboral, que permitan seleccionar personas menos vulnerables al estrés que pueda generar el puesto, que se caractericen por la flexibilidad en sus estilos comunicativos y de manejo de los conflictos, o en su defecto, detectar la vulnerabilidad de estos sujetos y trabajar profesionalmente sobre los mismos.

Implementar sistemas de capacitación en los que además de las necesidades de aprendizajes detectadas se desarrollen el conjunto de competencias laborales y sociales que permitan potenciar y fortalecer a los miembros de la organización.

Promover y tomar en cuenta las habilidades necesarias para asumir los distintos cargos y dar seguimiento a quienes los ocupan, previendo los posibles estresores.

Realizar evaluaciones frecuentes a las personas que ocupan puestos capaces de generar efectos negativos. Tener en cuenta factores o grupos de riesgos tales como: embarazadas, personal de edad avanzada, que hayan padecido enfermedades y otros.

Implementar entrenamientos, y/o sesiones de relajación antes, durante y después de la jornada laboral, proponer y facilitar la realización acciones para el uso del tiempo libre y desarrollo de adecuadas relaciones interpersonales.

Estas propuestas pueden considerarse estrategias de carácter general a seguir por la organización, lo idóneo para la realización de las mismas es que la organización sea vista como un sistema y que no se planifique por tanto de forma aislada las acciones, pues no alcanzarían los resultados esperados y necesarios para la organización y los sujetos que la conforman.

Tratando de responder la pregunta inicial y para ser consecuentes con la teoría psicológica marxista del desarrollo de la personalidad, la organización por sí sola, aun implementando las mejores acciones para la disminución del estrés, no tendrá resultado feliz si el individuo no se compromete y establece nuevos estilos de vida que le permitan asumir el reto de aprender a manejar el estrés, por lo que es importante proponer vías para el enfrentamiento individual.

ESTRATEGIAS DE INTERVENCIÓN A NIVEL PERSONAL

Cómo enfocar la vida:

- El trabajo debe, antes que todo, darnos satisfacción y tener objetivos viables para cada persona, siempre dentro del área más afín con las preferencias personales, bien sea en los negocios, el arte, la ciencia, la oficina, el taller, etc.
- Además, el nuevo enfoque de la vida que estamos sugiriendo debe hacer balance entre lo que cada quien procura para sí y lo que procura para los demás, para lo que se deben observar algunas recomendaciones útiles a estos efectos:
- No ser perfeccionista, pues la perfección es imposible. Si alguien tiene

impulsos perfeccionistas, debe adoptar una actitud de continuo desengaño ante esta utopía fatalista.

- Finalmente recordar que todos somos diferentes y que aquello que funciona para otros no necesariamente funciona para uno. Por ello cada quien necesita su pro- pio estilo de comportamiento ante la vida.
- Hay que optar por el camino de la simplicidad, pues resulta más fácil enfrentarse con las vicisitudes de la vida si evitamos las complicaciones innecesarias.

- Preguntémonos si no nuestros problemas son en realidad críticos, en no pocas ocasiones tras el análisis encontramos que no es para tanto.

- Pensar positivamente, vivir en forma negativa, bajo un criterio trágico produce muchas zozobras. Es oportuno contemplar el lado positivo de la vida, aunque se sienta que se falla en el intento.

- No postergar enfrentarse a problemas molestos, vale más sumergirse en ellos para obtener lo mejor que sea posible, que estar a la expectativa, pues esto genera más ansiedad.

- No permitamos que la falta de éxito nos desbaste, tengamos en cuenta que nadie actúa de forma perfecta, siempre existe más perdedores que triunfadores, más dirigidos que dirigentes. Si damos lo mejor ante cada situación no debe abatirnos no alcanzar totalmente los objetivos.

ESTRATEGIAS PARA ENCONTRARSE UNO MISMO

- Evite estar demasiado tiempo rumiando sus problemas personales, magnificándolos y cayendo en un círculo de autocompasión, autodegradación e improductividad personal.

- Sea consciente de las causas de sus sentimientos de soledad, aprenda a identificar su raíz causal antes de que estos ocurran. La sola conciencia de este proceso le ayudará emocionalmente a manejarlo.

- Desarrolle descargas constructivas, creativas. Haga cualquier cosa que estimule

  que estimule su pensamiento y le permita concentrarse en algo fuera de usted mismo. Si no tiene una profesión o trabajo realice labor filantrópica.

- Trate de ver las cosas positivas de su vida pues las ha de tener, pero si cree que no posee ninguna, piense que el sólo hecho de estar vivo y sano es una bendición.

- Cultive su capacidad para encontrar gozo de la vida cotidiana. Tómese tiempo para apreciar y gozar la gran variedad de paisajes, sonidos y situaciones que le rodean. Paseé por un parque, escuche un concierto, desarrolle actividades con sus amigos, etc.

- Sea agresivo en su actitud ante la vida involúcrese en algo emocionante y constructivo.

- Evite caer en sentimiento de vacío y temor ante el futuro. Identifique y dele las perspectivas oportunas a cada temor, pues la incertidumbre es el enemigo oculto más peligroso.

- Aprenda a recompensarse, por lo general somos generoso para los demás, pero para nosotros mismos.

- Haga algo por ayudar a otra persona. Ponerse al servicio de otro pues genera le ayudará a salir de sus propios problemas, los sacará de su mente.

- Comprométase en actividades físicas, el ejercicio es sumamente terapéutico pues genera sentimientos placenteros que inciden en su estado de ánimo.

- Busque personas que deseen escucharle o ayudarle, evite aquellas que resaltan sus frustraciones y promueven su hundimiento.

- No realice nada que le haga sentir peor.

- Sea su propio amigo y así tendrá un amigo toda la vida. Si Ud. se aprecia lo demás lo apreciarán, si se ama los demás lo amarán.

- No piense que sentirse sólo y triste es una debilidad. Piense que ello es parte del ser humano.

- Conozca el placer de su propia compañía y de esta forma descubrirá el centro de su propio ser.

-

LA MEDITACIÓN

Se entiende por meditación un estado de conciencia provocado por diversas técnicas que buscan separar un poco al individuo de su vida diaria, disminuyendo su conciencia analítica normal y logrando una "perspectiva de unidad"

La persona que medita sigue en general procedimientos especiales o realiza determinados

ejercicios para lograr dicho estado. Los ejercicios de meditación pueden ser de varios tipos. En la meditación denominada concentrativa se intenta restringir la conciencia a una sola fuente invariable de estimulación durante cierto tiempo. Los que meditan pueden concentrarse mirando un objeto, poniendo atención en algún proceso como la respiración, escucharse a sí mismo cantando en voz alta, o simplemente repitiendo silenciosamente una palabra o una frase.

En el estado de meditación concentrativa cesan todas las percepciones y pensamientos activos de naturaleza analítica.

Esta sensación no dura más que algunos minutos, pero aparece como un fenómeno desligado del tiempo para el participante, quién después se siente renovado y mejor capacitado para experimentar la vida directamente.

¿QUÉ DECIR DE LOS EFECTOS FISIOLÓGICOS DE LA MEDITACIÓN? ¿DE CÓMO LA MEDITACIÓN REDUCE EL STREES?

Los investigadores Wallace y Benson, sometieron a estudios de laboratorios a un grupo de meditadores y encontraron que durante el acto de la meditación el cuerpo humano se caracteriza por una pauta de actividad ambivalente: alerta, pero la vez muy relajada. Específicamente el ritmo metabólico del cuerpo se torna insólitamente bajo y, en consecuencia, el consumo de oxígeno, la eliminación de bióxido de carbono y el volumen y ritmo de respiración reducido. El ritmo cardíaco también disminuye significativamente y la producción de sustancias químicas en la sangre (lactato de sodio) muestra un marcado descenso, su exceso en sangre se asocia a sentimientos de angustia.

Por su parte en la actividad eléctrica del cerebro predomina el ritmo alfa indicador de máximo reposo, que además se relaciona con sentimientos de placidez como si el cuerpo estuviera flotando en un ambiente de mucha paz, con sensación de descanso y comodidad.

CÓMO MEDITAR

Es esencial contar con ambiente tranquilo, exento de ruido proveniente del exterior, se puede usar música suave como fondo.

En el ambiente físico así logrado se procede a tranquilizar el ambiente interno, la mente debe estar libre provenientes de otras partes del cuerpo, incluyendo la musculatura. La sesión debe durar de 20 a 30 minutos.

LA RELAJACIÓN MUSCULAR

Es capaz de propiciar una serie de cambios físicos que contrarrestan el stress. Estos cambios incluyen, como en el caso de la meditación, disminución del ritmo cardíaco y de la tensión muscular, así como reducción de la presión arterial y del ritmo de la respiración. Pero sobre todo provoca disminución de la tensión mental y sensación placentera, tanto mental como física.

Relajarse es una habilidad y como otras habilidades requiere aprenderla, así como disciplina regularidad para practicarla. Es recomendable realizar dos sesiones diarias de 30 minutos cada una.

14
PREVENCIÓN DE ADICCIONES

LA DROGADICCION DEFINICION DE DROGA

Droga, sustancia con efectos sobre el sistema nervioso central (psicótropa) que crea adicción, taquifilaxia y cuadros de abstinencia.

El término ha perdido sus antiguos significados de sustancia química (droguería), de fármaco (sustancia química con actividad terapéutica) y de psicótropo (sustancia con actividad farmacológica en el sistema nervioso central).

Los efectos psicótropos de las drogas son complejos y multiformes, variables según los estímulos ambientales. Pueden clasificarse en euforizantes y excitantes (cocaína, anfetaminas, alcohol en su primera fase, nicotina en su segunda fase), relajantes, sedantes y depresores (opiáceos —heroína, morfina—, benzodiacepinas —ansiolíticos, relajantes musculares e hipnóticos—, alcohol en su segunda fase, nicotina en su primera fase, barbitúricos, Cannabis —marihuana—, inhalantes), y alucinógenos (LSD, peyote, fenciclidina).

ADICCION

Es la necesidad imperiosa de consumir droga regularmente (no ser capaz de moderar el consumo o suprimirlo). Viene determinada por fenómenos psíquicos y físicos.

Taquifilaxia : es la necesidad de consumir dosis cada vez mayores para conseguir los mismos efectos. La presentan muchos fármacos porque el organismo potencia sus mecanismos de degradación de la sustancia, pero a las drogas se añade un fenómeno de 'tolerancia' psicológica.

Los cuadros de abstinencia siempre son psicológicos y, en el caso de algunas drogas, son además síndromes físicos que pueden resultar mortales (véase Alcoholismo). Pueden controlarse con medidas terapéuticas sintomáticas o substitutivas (sustancias menos nocivas, de efectos parecidos, que se retiran progresivamente).

CLASES DE DROGAS ALUCINOGENAS DIETILAMIDA DEL ACIDO LISERGICO (LSD)

Es fármaco alucinógeno potente, también llamado compuesto psicodélico o psicofármaco, sintetizado por primera vez en Suiza en 1938 a partir del ácido lisérgico. El ácido lisérgico

es un componente del moho del cornezuelo del centeno, un hongo que crece sobre el grano del centeno. Este fármaco produce cambios oníricos, en el humor y en el pensamiento, y altera la percepción del tiempo y del espacio.

El LSD induce alteraciones transitorias del pensamiento, del tipo sensación de omnipotencia o un estado de paranoia agudo. También se han de una descrito reacciones a largo plazo como psicosis persistente, depresión prolongada, o alteración del juicio, aunque no se ha podido establecer si éstas son resultado directo de su consumo. Respecto a sus efectos físicos, el LSD puede producir lesiones cromosómicas de las células de la serie blanca de la sangre; sin embargo no existe una evidencia firme de que origine defectos genéticos en los hijos de los consumidores.

El LSD no produce dependencia física. En la década de 1960 su empleo se extendió entre quienes buscaban alterar e intensificar sus sentidos, alcanzar la integración con el universo, la naturaleza y ellos mismos, e intensificar los lazos emocion4ales con los demás. Este fármaco ha sido probado en el tratamiento del autismo infantil, el alcoholismo, y para acelerar la psicoterapia, pero no se ha establecido ninguna indicación médica. Su empleo fuera de la medicina es ilegal en la mayoría de los países del hemisferio occidental.

Efectos del Uso Del L.S.D.

Paranoia: Estado mental patológico en el que el paciente sufre delirios (percepciones y creencias sistemáticas y erróneas, desconectadas de la realidad y resistentes al cambio) de los cuales los más comunes y más conocidos son los de persecución y de grandeza. A finales del siglo XIX, Sigmund Freud definió la paranoia como un trastorno mental en el que el síntoma primordial es la extrema desconfianza hacia los demás; la personalidad paranoide llega a creer que los que le rodean quieren asesinarle. En la forma más grave, la psicosis conocida como esquizofrenia paranoide, el paciente puede tener alucinaciones en las que personajes históricos, mitológicos o religiosos se le aparecen y le transmiten mensajes, alucinaciones obviamente conectadas con los delirios de grandeza del paciente.

Esquizofrenia : Denominación común para un grupo de trastornos mentales con variada sintomatología. En sentido literal, esquizofrenia significa "mente dividida", sin embargo, a pesar de la concepción popular que se tiene de este trastorno, no siempre se produce una disociación de la personalidad. La esquizofrenia empezó a entenderse como enfermedad diferente del resto de las psicosis a principios del siglo XX.

Síntomas

Los síntomas de la esquizofrenia no aparecen de manera simultánea. Afectan a las áreas del pensamiento, las percepciones, los sentimientos, los movimientos y las relaciones interpersonales. Las alteraciones del pensamiento se traducen en la incapacidad para establecer

conexiones lógicas, o en la aparición de delirios. Las alucinaciones son la principal alteración de la percepción, y las más frecuentes son las auditivas: el paciente oye sus propios pensamientos en voz alta, o escucha voces imaginarias que le ordenan realizar ciertos actos, o realizan comentarios. Las reacciones emocionales son frías o inapropiadas. Las alteraciones del movimiento se manifiestan de dos formas: la catatonia es una situación poco frecuente en la que el paciente mantiene una postura rígida durante largos periodos de tiempo; sin embargo son más frecuentes los movimientos incongruentes y reiterativos realizados de forma impulsiva. Las relaciones interpersonales se deterioran progresivamente, ya que el paciente esquizofrénico tiende a ser introvertido.

PEYOTE

Nombre común de una cactácea inerme con forma de nabo nativa de México y el suroeste de Estados Unidos. La parte aérea, parecida a un hongo y de color grisáceo, contiene nueve alcaloides, entre ellos la mezcalina, que es el más activo. Para usar el cacto como droga, la parte aérea se consume seca, en infusión o pulverizada y envasada en cápsulas. La mezcalina de estos preparados altera la percepción y produce alucinaciones caracterizadas por colores vivos, alteración del sentido del tiempo y, a veces, sensación de ansiedad. Por lo que se sabe, no crea hábito, aunque el consumo de la droga impura o en grandes dosis puede provocar efectos tóxicos, como náuseas y depresión respiratoria. Los indígenas del norte de México utilizan el peyote en los ritos religiosos desde la época precolombina. La mezcalina se ha utilizado en investigaciones sobre la esquizofrenia y otras psicosis.

El peyote y la mezcalina han sido objeto de abuso en años recientes.

MARIHUANA

Mezcla de hojas, tallos y flores de la planta del cáñamo, Cannabis sativa. Esta droga se fuma o se mastica. El ingrediente psicoactivo de la marihuana, el tetrahidrocannabinol (THC), se concentra en el centro de las flores. El hachís, un extracto de la resina de la planta, tiene una concentración de THC ocho veces superior a la marihuana. Ésta crece en las regiones templadas, obteniéndose las mejores variedades en las zonas secas, altas y calientes. El cultivo de la marihuana es ilegal en la mayoría de los países.

La marihuana se conocía en Asia Central y en China desde el año 3000 a.C., donde se utilizaba en la medicina. En 1900 comenzó su consumo como droga. En las décadas de 1960 y 1970 se extendió su uso entre la juventud de la época. La marihuana no produce adicción física y su abandono no produce síndrome de abstinencia, pero produce dependencia psicológica.

Efectos De La Marihuana

Estimulación, mareo y euforia, y después sedación y tranquilidad placentera. Los cambios de humor a menudo se acompañan de alteración en las percepciones de tiempo, espacio y dimensiones del propio cuerpo. Muchos consumidores refieren aumento del apetito, aumento de la percepción sensorial y sensación de placer. Los efectos negativos incluyen confusión, ataques de ansiedad, miedo, sensación de desamparo y pérdida de autocontrol.

Se ha ensayado el uso de la droga como tratamiento sintomático del glaucoma y de las náuseas producidas por la radioterapia.

CAÑAMO

Los tóxicos de uso más frecuente, con excepción del alcohol y del tabaco, se clasifican en dos categorías principales: opioides u opiáceos, hipnótico-sedantes, estimulantes alucinógenos, Cannabis e inhalantes

OPIACEOS

La categoría de los opiáceos incluye a los derivados del opio, como la morfina, la heroína y los sustitutos sintéticos, como la metadona. Desde el punto de vista médico, la morfina es uno de los analgésicos más potentes que se conocen: de hecho se toma como referencia para valorar la potencia de otros analgésicos. Tanto el opio como sus derivados alivian la tos, disminuyen los movimientos intestinales (frenando así los procesos diarreicos) y producen un estado psicológico de indiferencia al medio. La heroína, un preparado sintetizado a partir de la morfina, fue introducido en 1898 como tratamiento para la tos y como sustituto no adictivo de la morfina. Sin embargo pronto se descubrió la intensa capacidad adictiva de la heroína, que se prohibió en muchos países incluso con fines médicos. Los consumidores refieren que la heroína produce un estado de embriaguez casi instantáneo tras su consumo.

Los opiáceos tienen efectos variables en diferentes circunstancias. En su efecto influyen las experiencias previas del consumidor y sus expectativas, así como la vía de administración

(intravenosa, oral o por inhalación). Los síntomas de abstinencia comprenden temblor de piernas, ansiedad, insomnio, náuseas, sudoración, calambres, vómitos, diarrea y fiebre.

Durante la década de 1970 los científicos aislaron unas sustancias que denominaron encefalinas que son opiáceos naturales presentes en el cerebro. Muchos los consideran responsables del fenómeno de dependencia física a opiáceos aduciendo que éstos imitarían la acción natural de las encefalinas.

HIPNOTICOS - SEDANTES

Los fármacos con mayor capacidad adictiva de esta categoría son los barbitúricos, utilizados desde principios de siglo en el tratamiento de la ansiedad y como inductores del sueño. En medicina también se emplean en el tratamiento de la epilepsia. Algunos adictos consumen grandes cantidades diarias de barbitúricos sin presentar signos de intoxicación. Otros consumidores buscan un efecto similar a la borrachera alcohólica y otros potenciar los efectos de la heroína. Gran parte de los consumidores de

Efectos De Los Hipnóticos – Sedantes

Los barbitúricos, además de tener efectos semejantes al alcohol, también producen, como éste, una intensa dependencia física. Su supresión abrupta produce síntomas similares a la supresión del alcohol: temblores, insomnio, ansiedad y en ocasiones, convulsiones y delirio después de su retirada. Puede sobrevenir la muerte si se suspende bruscamente su administración. Las dosis tóxicas son sólo levemente superiores a las que producen intoxicación y, por tanto, no es infrecuente que se alcancen de manera accidental. La combinación de los barbitúricos con el alcohol es muy peligrosa.

Otros fármacos hipnótico-sedantes son las benzodiacepinas, cuya denominación comercial más habitual es el Valium. Estos se incluyen en el grupo de los tranquilizantes menores que se utilizan en el tratamiento de la ansiedad, el insomnio o la epilepsia. Como grupo, son más seguros que los barbitúricos ya que no tienen tanta tendencia a producir depresión respiratoria y están sustituyendo a éstos últimos. Por contrapartida, la adicción a los tranquilizantes se está convirtiendo en un problema cada vez más frecuente. La adicción al fármaco Halción, del grupo de las benzodiacepinas, ha obligado a autoridades de varios países a retirarlo del mercado.

ESTIMULANTES

Una droga de diseño, el 3,4-metilen dioxianfetamina, también conocido como 'éxtasis' produce en el consumidor una intensa sensación de bienestar, de afecto hacia las personas de su entorno, de aumento de energía, y en ocasiones, alucinaciones. Los efectos adversos que provoca su consumo incluyen sensación de malestar general, pérdida de control sobre uno mismo, deshidratación, pérdida de peso y pérdida de memoria. Se han comunicado casos de muerte relacionados con el consumo incontrolado de éxtasis y otras drogas relacionadas.

Otros estimulantes cuyo abuso está muy extendido son la cocaína y la familia de las anfetaminas. La cocaína, un polvo blanco y cristalino de sabor ligeramente amargo, se extrae de las hojas del arbusto de la coca, que se encuentra en América del Sur. En medicina se emplea como anestésico en cirugía de la nariz y de la garganta, y como vasoconstrictor para disminuir el sangrado en las intervenciones quirúrgicas. El abuso de estas sustancias creció mucho en la década de 1970 y es responsable de un gran número de alteraciones fisiológicas y psicológicas. El crack es un tipo de cocaína sintética muy adictiva que surgió en la década de 1980.

Las anfetaminas aparecieron durante la década de 1930 como tratamiento de los catarros y la fiebre del heno, y más tarde se conoció su acción sobre el sistema nervioso. Durante cierto tiempo se emplearon como adelgazantes. Su única aplicación médica hoy es el tratamiento de la narcolepsia, una alteración del sueño caracterizada por episodios diurnos de sueño incontrolables por el paciente y en el tratamiento de la hiperactividad infantil, situación en la que las anfetaminas tienen un efecto calmante paradójico. En los adultos, sin embargo, tienen un efecto acelerador que les ha valido la denominación anglosajona de speed. Las anfetaminas mantienen al consumidor despierto, mejoran su estado de ánimo y disminuyen el cansancio y la necesidad de dormir, pero a menudo la persona se vuelve más irritable y habladora. Tanto la cocaína como las anfetaminas consumidas durante periodos prolongados, pueden producir una psicosis similar a la esquizofrenia aguda.

La tolerancia a los efectos euforizantes y anorexígenos (supresores del apetito) de las anfetaminas y de la cocaína aparece al poco tiempo. La interrupción del consumo de anfetaminas, sobre todo cuando se inyectan por vía intravenosa, produce una depresión tan profunda que el consumidor se ve en la necesidad de volver a consumirlas hasta llegar a situaciones límite.

ALUCINOGENOS

Los alucinógenos no tienen aplicación médica en la mayor parte de los países salvo quizás para el tratamiento de los pacientes agonizantes, pacientes con trastornos mentales, drogodependientes y alcohólicos. Entre los alucinógenos más utilizados en la década de 1960 destacan el ácido lisérgico de dietilamida, o LSD, y la mezcalina, un derivado del cactus del peyote. La tolerancia hacia estas sustancias se desarrolla con rapidez, pero no aparece síndrome de abstinencia cuando dejan de consumirse.

La fenciclidina, o PCP, cuyo nombre vulgar es 'polvo de ángel', no tiene aplicación práctica en los seres humanos, pero los cirujanos veterinarios lo emplean en ocasiones como anestésico y sedante para los animales. A finales de la década de 1970 se extendió su consumo humano, en parte por culpa de la facilidad con la que se sintetiza en laboratorio. Sus efectos difieren de los demás alucinógenos. El LSD, por ejemplo, produce distanciamiento y euforia, intensifica la visión, y produce el fenómeno conocido

como cruce de los sentidos (los colores se 'oyen' y los sonidos se 'ven'). El PCP sin embargo produce distanciamiento y disminución de la sensibilidad para el dolor; también provoca en ocasiones un 'estallido', o ataque, o una situación clínica tan semejante a un brote de esquizofrenia aguda que confundiría incluso a un psiquiatra. La combinación de este brote con la indiferencia al dolor lleva en ocasiones a alteraciones del pensamiento que pueden traducirse en violentos comportamientos destructivos.

INHALANTES

Dentro de la categoría de los inhalantes se encuentran ciertas sustancias que no son consideradas drogas, como el pegamento, los disolventes y los aerosoles (productos de limpieza, por ejemplo). La mayoría de las sustancias inhaladas (esnifadas) con intención de conseguir un efecto psicológico tienen una acción depresora sobre el sistema nervioso central. En dosis bajas pueden tener un leve efecto euforizante, pero en dosis superiores el consumidor pierde el control o la conciencia. Los efectos aparecen en el acto y pueden permanecer hasta 45 minutos. El dolor de cabeza, náuseas y mareo vienen a continuación. La inhalación de estas sustancias es nociva para la visión, el pensamiento y el control de los músculos y de los reflejos. A veces se producen lesiones permanentes y algunos aerosoles concentrados pueden producir la muerte. Aunque no es probable que se desarrolle dependencia física, sí aparece tolerancia en ocasiones. Otros productos cuya generalización ha alarmado a las autoridades sanitarias son los denominados poppers, de supuesto efecto afrodisiaco, como el nitrato de isoamilo, que se emplea en medicina como dilatador de los vasos sanguíneos. La inhalación prolongada de estas sustancias puede lesionar el sistema circulatorio y tener efectos nocivos relacionados con ese sistema.

Tratamiento

Excepto en el caso de la dependencia a opiáceos, las prestaciones médicas más habituales en el contexto de las toxicomanías se limitan casi siempre al manejo de los problemas de sobredosificación, reacciones adversas a la ingesta de tóxicos o las eventuales complicaciones derivadas del consumo de drogas, como la malnutrición o las enfermedades provocadas por el uso de jeringuillas sin esterilizar. Los consumidores de barbitúricos o anfetaminas pueden precisar ingreso en un centro de desintoxicación como en el caso de los alcohólicos. Cualquiera que sea el tóxico responsable de la dependencia, el objetivo de la mayor parte de los programas de tratamiento es la abstinencia.

Los programas de deshabituación a opiáceos son sobre todo de dos tipos. La filosofía de las comunidades terapéuticas es implicar al toxicómano en la resolución de su problema. Se le considera una persona inmadura emocionalmente a la que debe ofrecerse una segunda oportunidad para desarrollarse. Las situaciones conflictivas con otros miembros de la comunidad son muy frecuentes. El apoyo mutuo, el mejorar de categoría dentro de la comunidad y ciertas recompensas son los estímulos al buen comportamiento.

La otra forma de deshabituación a opiáceos consiste en la administración de sustitutos de la heroína. Uno de ellos es la metadona, que tiene un efecto más retardado que ésta, pero también crea adicción. Se trata de ir abandonando el consumo de heroína mientras se elimina la necesidad de tener que conseguir la droga 'en la calle'. Otra sustancia más reciente es la naltrexona, que no es adictiva y que bloquea el estado de embriaguez que se percibe con el uso de la heroína. Como contrapartida, no puede emplearse en pacientes con problemas de hígado, frecuentes entre los toxicómanos.

COCAINA

Alcaloide que se obtiene de las hojas de la planta de la coca y que se emplea con fines médicos como anestésico local. También posee un uso muy extendido como droga. Las culturas del imperio Inca masticaban las hojas de la coca para obtener una leve euforia, estimulación, y un estado de alerta. Este fármaco fue aislado por primera vez en 1855 y se utilizó como anestésico local en cirugía menor. En la actualidad, se emplean en su lugar anestésicos locales, como la lidocaína, con una potencia menor para crear adicción. El empleo de la cocaína como droga se conoce desde hace tiempo, aunque su consumo aumentó mucho a finales de la década de 1970 y durante la de 1980. El clorhidrato de cocaína, una sal hidrosoluble, es un polvo blanco seco que se suele inhalar a través de un tubo fino que se introduce en el orificio nasal. Con menos frecuencia se inyecta en las venas. También se puede fumar en forma purificada mediante una pipa de agua o en forma concentrada cortada en bolas y colocada en un instrumento especial. Los consumidores experimentan euforia, estimulación, y disminución del apetito. También aumenta la frecuencia cardiaca, eleva la presión sanguínea y dilata las pupilas. Su uso crónico puede producir abscesos cutáneos, perforación del tabique nasal, pérdida de peso y lesión del sistema nervioso. Entre los efectos mentales nocivos se encuentran inquietud, ansiedad, e irritabilidad intensas, y en ocasiones psicosis paranoide.

COCA

Nombre común de varios arbustos de América del Sur. Es una especie de particular importancia cuyas hojas utilizan los indios de Perú y Bolivia como estimulante. Las hojas secas, que contienen cocaína y otros derivados de ésta, se mezclan con cal sin apagar o con cenizas de madera y se mastican. El arbusto se cultiva también en Sri Lanka, India y Java, además de otros lugares de América del Sur. Alcanza una altura aproximada de 1 a 2 m, con ramas rectas y hojas parecidas a las del té.

AMAPOLA

Nombre común con nnñel que se hace referencia a diversas especies vegetales del género Papaver. La más común y conocida es la amapola de flores rojas, típica de baldíos, cunetas, terrenos incultos y como mala hierba en cultivos de cereal principalmente. Presenta las características generales de la familia a la que pertenece y ha sido ampliamente utilizada desde antiguo. Los griegos la consideraron la flor de Afrodita, los romanos la asociaron con Ceres y en otras culturas se distinguió como símbolo de la gloria y de la muerte por el color y la fragilidad de sus pétalos. Precisamente de éstos se extraía un pigmento rojo para dar color al vino, así como para teñir lanas. Las amapolas, al igual que otras especies de la familia, contienen alcaloides como la readina y la papaverina que tienen efectos alucinógenos y pueden causar envenenamiento.

La adormidera o amapola del opio tiene flores grandes que pueden ser de color blanco, lila o púrpura; de ella se extrae el opio. Hay otras especies, pertenecientes a géneros distintos, que también reciben el nombre de amapola; entre éstas cabe citar la amapola violeta, de flores moradas; la amapola de california, de flores de color naranja o amarillo y la amapola marina o glaucio de flores amarillas.

Clasificación científica: todas las amapolas pertenecen a la familia de las Papaveráceas. Las más comunes son Papaver rhoeas y Papaver dubium, de flor roja. La adormidera es la especie Papaver sonmiferum. La amapola violeta es la especie Roemeria hybrida, la amapola de california es Eschsholzia californica y la amapola o adormidera marina es Glaucium flavum.

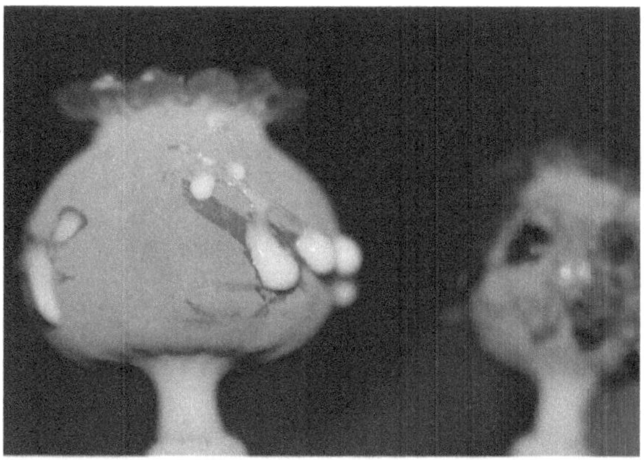

EXTASIS

Esta droga de diseño, el 3,4-metilen dioxianfetamina, más conocida como éxtasis, proporciona a sus consumidores una intensa sensación de bienestar. Sin embargo, su consumo provoca diversos efectos adversos e incluso la muerte.

DORMIDERA

Esta adormidera muestra una cápsula verde que contiene las semillas, con una flor madura en segundo término. El opio se recoge después de que todos los pétalos de la flor han caído. Se efectúan unos cortes a lo largo de la circunferencia de la cápsula que permiten que el látex lechoso fluya y se endurezca. Después de extraer el opio en forma de goma viscosa, se puede refinar en heroína, morfina y derivados de la codeína; todos crean dependencia a los narcóticos. El opio se utiliza mucho como sedante y analgésico.D4-

ACERCA DEL AUTOR

RAFAEL DARIO SOSA GONZALEZ

Oficial de la reserva activa del Ejercito Nacional. De COLOMBIA.

Despúes de su retiro ha desempeñado los siguientes cargos: director de Seguridad en Servicios (INDUSTRIAS ARETAMA Ltda.). Jefe de Seguridad (COLTANQUES Ltda.). Director Operaciones (MEGASEGURIDAD LA PROVEEDORA Ltda.) Gerente (Propietario) ESCUELA NACIONAL DE VIGILANTES Y ESCOLTAS (ESNAVI LTDA.), Coordinador Proyecto Seguridad Aeronáutica (COSERVICREA Ltda.), Coordinador de Seguridad Proyecto Aeronáutica (COLVISEG Ltda.).

En el área de la docencia: se ha desempeñado como Docente en el Instituto de seguridad Latinoamericana (INSELA Ltda.) Docente de la Escuela Colombiana de Seguridad (ECOSEP Ltda.) Como Consultor Seguridad, Asesoró en Seguridad en Empresas como: ADRIH LTDA, POLLO FIESTA Ltda., SEGURIDAD ATLAS Y TRANSPORTE DE VALORES ATLAS Ltda., SEGURIDAD SOVIP Ltda.

Entre los estudios realizados: Diplomado en Administración de La Seguridad (UNIVERSIDAD MILITAR NVA GRANADA), Diplomado en Seguridad Empresarial (UNIVERSIDAD SAN MARTIN-ACORE):Diplomado Sociología para la Paz, Derechos Humanos, negociación y Resolución de Conflictos (CIDE-CRUZ ROJA COLOMBIANA-ACORE) Diplomado en Gestión de la Seguridad (FESC-ESNAVI Ltda.) ,Programa maestro en Seguridad y Salud Ocupacional(CONSEJO COLOMBIANO DE SEGURIDAD), Liderazgo Estratégico en Dirección , Gerencia Estratégica en Servicio al Cliente(SENA) , Curso Seguridad

Empresarial (ESCUELA DE INTELIGENCIA Y CONTRAINTELIGENCIA BG. CHARRY SOLANO), curso de Seguridad Electrónica básico (A1A), Curso Analista de Poligrafía (Pfisiólogo Poligrafista) Poligrafía Basic Voice Store Análisis (DIOGENES COMPANY), entre otros.

Adicionalmente se encuentra desarrollando Programa de entrenamiento para COACHES en INTERNACIONAL COACHING GROUP (ICG) Y DIPLOMADO PARA COACHING CRISTIANO (METODO CC).

Propietario de la Empresa Security Works www.sewogroup.com. Empresa al servicio de la seguridad y vigilancia privada en Latinoamérica. Actualmente se desempeña como director general SECURITY WORK S.A.S.

AUTOR: 20 Libros Colección de Seguridad entre otros Vigilancia Básico, Avanzada. Escolta Básico, Manual de Manejo Defensivo, Manual de Medios Tecnológicos, Manual Prevención Secuestro, Manual del Supervisor. Impresos con la Casa Editorial Security Works de Venta en todos los Países de Habla Hispana.

LOS TITULOS DE LA COLECCIÓN SEGURIDAD PRIVADA

La colección Seguridad dirigida a profesionales de Latinoamérica, Europa, Israel, etc.

PUBLICADOS

01. Manual Para la Vigilancia Privada Básico.
02. Manual Para la Vigilancia Privada Avanzado.
03. Manual Básico del Supervisor de la Vigilancia.
04. Manual Básico del Escolta Privado.
05. Manual Avanzado del Escolta Privado
06. Manual Seguridad Medios Tecnológicos
07. Manual de Manejo Defensivo.
08. Manual de Vigilancia y Contra vigilancia.
09. Manual de Antiterrorismo.
10. Manual de Seguridad Aeronáutica.
11. Manual de Seguridad sin Recursos.
12. Manual de Seguridad Canina.
13. Manual de Seguridad residencial.
14. Manual de Autoprotección Secuestro
15. Manual de Seguridad Hotelera
16. Manual de Seguridad Hospitalaria
17. Manual de Seguridad Comercial
18. Manual de Seguridad Bancaria
19. Manual de Seguridad Empresarial
20. Manual del Directivo de Seguridad

Visite:

www.sewogroup.com

Representantes y Distribuidores

http:/amazon.com

Colección Seguridad Privada
Securityworks
Protección Integral